청와대!
새집 줄게
헌집 주오

청와대!
새집 줄게
헌집 주오

정석풍수연구학회 지음

M&B

저자 소개

〈대표 저자 조남선〉

◆ 학력 및 강의 활동

2005 대구한의대 사회개발대학원 풍수지리학
　　과 졸업(석사)
현) 아주대학교 미래교육원 '풍수의 정석' 과정
　　전임교수(2003~)
현) 연세대학교 미래교육원 '풍수와 환경' 과정
　　책임강사(2017~)
현) 서울대, 연세대, 서강대, 중앙대 등 최고경
　　영자과정 풍수 특강
현) 농협주부대학, 가평농업기술센터 등 특강
현) 중국 연변대학교 식품외식최고위과정 특강

◆ 언론 활동

2008 MBC-TV 일요일 밤 '고수가 왔다' 출연
2009 조선일보 풍수지리 명강사 선정
2010 채널A '이영돈의 논리로 풀다' 출연
2011 MBN-TV '황금알' 출연
2012 MBN-TV '천기누설' 출연
2015 MBN-TV '알토란' 출연
2017 MBC-TV '생방송 오늘 아침' 출연
2017 TV조선 '신기전' 출연
2020 MBC every1-TV '비디오스타' 출연
2020 KBS1-TV 'TV쇼 진품명품' 출연

◆ 논문 및 저서

논문 : 『창덕궁의 풍수지리적 입지에 관한
　　　연구』, 2005
저서 : 『풍수의 정석』, 2010
　　　『중국 황제의 관을 찾다』, 2011

『양택풍수의 정석』, 2012
『풍수의 정석』 개정증보판, 2017
『풍수 유적 답사기』 강원도 편, 2019
『풍수 유적 답사기』 제주도 편, 2020

〈정석풍수연구학회 회원들〉

김민채   김영철   김은희   김종대

서경석   윤희원   이영기   이종목   이중희

장현성   정벽화   정재안   조규철   조남선

조연환   조찬래   하태현   한승구

머리말

이 책은 먼저 조선 시대 한양 천도와 경복궁의 창건과 소실, 그리고 중건 과정 등 역사적 사실을 근거로 경복궁의 상징성과 의미 등을 짚어 보았다. 그다음 경복궁과 청와대 터에 대한 풍수적 분석을 하여 상당수의 국민들이 가지고 있는 궁금증 및 의문점에 대한 답을 주고자 하였다. 마지막으로 일제 강점기에 우리의 뜻과는 관계없이 경복궁과 분리된 후원(현재 청와대 영역)의 원형 복원을 통하여 왜곡된 민족정기를 온전히 회복하고 대한민국의 번영이 천만년 이어지기를 바라는 마음에서 청와대가 이전할 장소에 대한 제안을 하였다.

현재 청와대 터는 경복궁의 후원이었던 곳으로, 일제 강점기 경복궁 안에 조선총독부 건물이 세워지고 나중에 후원 공간에 총독 관저를 지으면서 경복궁 영역과 현재의 청와대 영역으로 분리되어 오늘의 형태가 되었다.

우리나라가 해방이 되고 대한민국 정부가 수립된 이후에도 총독부 건물은 중앙청으로 또는 국립박물관으로 사용되다가 김영삼 정부 때인 1995년에서야 민족정기 회복 차원에서 철거하였다. 이후 경복궁의 건물들을 순차적으로 많이 복원하고 있으나 총독 관저가 있던 청와대 영역은 현재까지도 계속해서 대통령 집무실 및 관저로 사용하고 있다.

청와대는 통치권자가 머무는 장소로서 대내외적인 상징성 및 보안과 경호의 필요성 등을 감안하여 먼저 충분한 공간이 확보되어야 한다. 19대 대통령 선거 당시 문재인 후보는 대통령에 당선되면 청와대 집무실을 광화문 정부 청사로 이전한다는 공약을 내걸었다가 당선 후 역사성, 보안 비용 등 여러 가지 여건이 여의치 않다는 이유로 포기하였다. 결정적으로는 경호상 충분한 공간의 확보가 어려웠기 때문에 실행을 하지 못한 것으로 생각된다.

본문에 조선 왕조에서 풍수의 역사적 역할을 열거하였는데, 태조대왕이나 세종대왕이 풍수를 거의 모든 국가적 사업에 적극적으로 반영한 것은 풍수가 미신이 아니고 반드시 알고 바르게 활용해야 할 자연 현상의 중요한 요소라는 믿음이 있었기에 그리한 것이었다.

따라서 청와대를 이전할 경우에도 최소한 대통령 집무실인 본관과 숙소인 관저는 땅의 환경을 논하는 풍수 이론에 맞는 길지를 선택하되 적어도 무난한 자리는 잡아야 하며, 최악의 흉지인 자연 상태의 물길은 피해야 한다는 것을 원칙으로 하여 장소를 선정하여야 한다.

이 두 가지 원칙인 의전 경호 등을 위한 충분한 공간을 확보할 수 있으면서 풍수 원칙에도 부합하는 장소를 찾기 위해 대표 저자 조남선을 중심으로 김민채, 김영철, 김은희, 김종대, 서경석, 윤희원, 이영기, 이종목, 이중희, 장현성, 정벽화, 정재안, 조규철, 조연환, 조찬래, 하태현, 한승구 등 정석풍수연구학회 회원들은 많은 문헌 기록과 고지도 등을 참고하였고, 2020년 7월부터 현장을 답사하며 현재의 도시 조성 현황과 풍수적으로 지형·지세를 조사하였다. 또한 개발로 자연 지형이 변형된 곳에서는 수맥 분포 등을 분석하여 태초의 지형을 유추하는 방식도 활용하였다.

풍수는 종교나 철학이나 사상이 아니고 여러 가지 환경 요소 중에서 땅의 환경을 고려하여 택지를 선택하는 환경학이라는 가치를 가지고 있는 학인들로서 정치적·경제적·사회적·문화적 편견이나 치우침 없이 이 책을 준비하였다.

풍수를 잘 이해하지 못하는 사람들도 많아 어쩌면 공허한 외침이 될지도 모른다는 우려도 있었으나 회원들 간 많은 토론 끝에 경복궁 복원과 청와대 이전에 관한 연구 제안서를 만들기로 결정하였다.

청와대 이전 문제는 비용 또는 세대나 진영의 논리를 떠나 일제 강점기 총독관저였던 경복궁 후원의 온전한 복원이 국가와 민족의 자긍심을 드높이는 계기가 될 것이므로 빠른 시간 안에 마땅한 장소를 찾아 추진하여야 할 것이다.

많이 부족하지만 이 책이 대한민국의 안녕과 발전, 그리고 대한민국 국민의 행복에 조금이나마 도움이 되기를 바라는 마음을 담았다.

2021년 6월
정석풍수연구학회 회원 일동

차례

제1장

경복궁의 역사

1. 한양 천도와 경복궁의 창건

고려의 장수였던 이성계는 1392년 7월 17일 왕위에 올랐다. 이성계는 자신이 왕위에 오르게 되면 가장 먼저 추진해야 할 일을 도읍지를 옮기는 것으로 생각해서 즉위 27일만인 8월 13일에 '한양'이라는 지역을 특정하여 천도를 명한다.

이렇게 한양 천도와 경복궁의 역사는 시작되었다.[1]

그러나 태조 이성계의 한양 천도 구상은 순탄하지 않았다. 이성계를 왕위에 옹립하는데 힘을 보탰던 신하들 대부분이 천도 자체를 반대하고 나섰다. 그들은 왕조를 바꾸는 과정에서 이미 기득권 세력이 되어 있었고, 그 기득권을 유지하고 누리기 위해서는 계속해서 개경에 남아 있는 것이 유리하다고 판단하였다.[2]

신하들의 반대로 천도 계획이 진척되지 못하자 태조 이성계는 새로운 방안을 모색하다가 태실증고사(胎室證考使) 권중화의 제안으로 다시 한번

---

1) 『태조실록』(태조 1년 1392년 8월 13일 임술) 도평의사사에 명령을 내려 한양으로 도읍(都邑)을 옮기게 하였다.

2) 『태조실록』(태조 2년 1393년 2월 1일 병자) (중략) 임금이 말하기를, "도읍을 옮기는 일은 세가대족(世家大族)들이 함께 싫어하는 바이므로, 구실로 삼아 이를 중지시키려는 것이다. 재상은 송경(松京)에 오랫동안 살아서 다른 곳으로 옮기기를 즐겨하지 않으니, 도읍을 옮기는 일이 어찌 그들의 본뜻이겠는가?" 하니, 좌우에서 모두 대답할 말이 없었다. (중략) 임금이 말하기를, "도읍을 옮기는 일은 경들도 역시 하고 싶지 않을 것이다. 예로부터 왕조(王朝)가 바뀌고 천명(天命)을 받는 군주는 반드시 도읍을 옮기게 마련인데, 지금 내가 계룡산(鷄龍山)을 급히 보고자 하는 것은 내 자신 때에 친히 새 도읍을 정하고자 하기 때문이다."

'한양으로의 천도'라는 자신의 구상을 실행에 옮기기 위해 '계룡'이라는 패(覇)를 꺼내 갑자기 계룡에 궁궐 공사를 지시하였다.[3]

천도에 대한 임금의 군건한 의중을 파악한 신하들이 마지못해 천도에 동조하게 되었다. 반대하던 신하들은 개경을 기준으로 하였을 때 계룡은 한양보다 월등히 먼 거리에 있어 자신들의 영향력이 더 줄어들 것을 염려하여 풍수를 명분으로 반대를 하고,[4] 대신 한양보다는 접근이 쉬운 무악을 천거하기로 하였다.[5]

그러나 처음부터 '한양'이라는 지역을 염두에 두고 천도를 추진한 태조 이성계의 의지와 무악 지역이 경사가 심해 풍수적으로 도읍에는 적합하지 않다는 풍수가들의 의견, 그리고 한양에 비해 공간이 협소하다는 현실적인 판단으로 결국 한양으로 천도가 결정되었다.[6]

이성계의 즉위와 동시에 시작된 한양으로의 천도는 만 2년 동안 우여곡

---

3) 『태조실록』(태조 2년 1393년 1월 2일 무신) 태실증고사 권중화가 돌아와서 상언하기를, (중략) 겸하여 양광도(楊廣道) 계룡산의 도읍 지도를 바쳤다.

4) 『태조실록』(태조 2년 1393년 12월 11일 임오) 하륜이 상언하였다. (중략) "지금 듣건대 계룡산의 땅은 산은 건방(乾方)에서 오고 물은 손방(巽方)에서 흘러간다 하오니, 이것은 송나라 호순신(胡舜臣)이 이른바, '물이 장생(長生)을 파(破)하여 쇠패(衰敗)가 곧 닥치는 땅'이므로, 도읍을 건설하는 데는 적당하지 못합니다(是宋朝胡舜臣所謂 水破長生衰敗立至之地, 不宜建都)."

5) 무악(현재 연세대학교 자리)에 대해 권중화와 조준은 반대하였으나 하륜은 강력하게 추천하였는데, 이는 한양이 산으로 둘러싸여 있어 접근이 쉽지 않은데 반하여 무악은 한강 물길을 이용하여 상대적으로 쉽게 접근할 수 있다는 것이 무악을 선호한 원인이 되었을 것으로 추정된다.

6) 『태조실록』(태조 3년 1394년 8월 13일 경진) 임금이 남경의 옛 궁궐터에 집터를 살피었는데, 산세를 관망하다가 (중략) "이제 이곳의 형세를 보니, 왕도가 될 만한 곳이다. 더욱이 조운하는 배가 통하고 사방의 이수도 고르니, 백성들에게도 편리할 것이다." (중략) 임금이 여러 사람의 말로써 한양을 도읍으로 결정하였다.

절을 겪으며 어렵게 결정이 되었고 이후에는 아주 빠르게 진행되었다. 빨리 개경을 떠나고 싶어 하던 태조 이성계는 궁궐 공사가 시작되자마자 한양 객사를 이궁으로 삼아 천도를 하였고, 도읍과 궁궐 공사에 독려와 격려를 하며 재촉하였다.[7]

마침내 태조 4년(1395) 9월 29일 대묘와 궁궐이 완공되었다. 도읍과 궁궐은 『주례고공기』의 좌묘우사(左廟右社), 삼문삼조(三門三朝) 등의 원칙을 반영하였고, 중심 구역은 연침(왕과 왕비의 사적인 공간) 7간, 동소침 3간, 서소침 3간, 보평청 5간, 정전 5간 등의 규모로 만들어졌다. 새 궁궐의 이름은 임금의 명에 의하여 정도전이 '경복궁'이라 지었으며, 연침 건물에는 각각 강녕전, 연생전, 경성전이라 이름 붙이고, 연침의 남쪽 치조 공간의 편전 건물은 사정전, 주된 정전 건물은 근정전이라 하였다.[8] [I 그림 1]

태조의 의지대로 한양 천도가 마무리되기는 하였으나, 본처 소생의 아들들을 제쳐 두고 후처의 아들이자 막내인 방석이 세자로 책봉된 후계에 대한 문제가 뇌관으로 잠재되어 있었다.[9] 결국 정권을 잡고 나라를 세우는데 큰 공을 세운 본처 소생의 방원(훗날 3대 임금 태종)과 왕도 정치와 사병 혁파를 주장한 태조 측근들과의 권력 다툼으로 1398년 8월 26일 세칭

---

7) 『태조실록』(태조 3년 1394년 10월 25일 신묘) 한양으로 서울을 옮기었다.

8) 『태조실록』(태조 4년 1395년 10월 7일 정유) 판삼사사 정도전에게 분부하여 새 궁궐의 여러 전각의 이름을 짓게 하니, 정도전이 이름을 짓고 아울러 이름 지은 의의를 써서 올렸다.

9) 태조 재위 1년(1392) 8월 20일에 배극렴, 조준, 정도전의 청으로 후처 소생의 여덟째 아들인 방석을 세자로 책봉하였다. 이는 이성계가 왕위에 오르고 불과 한 달여 만에 이루어진 것이다.

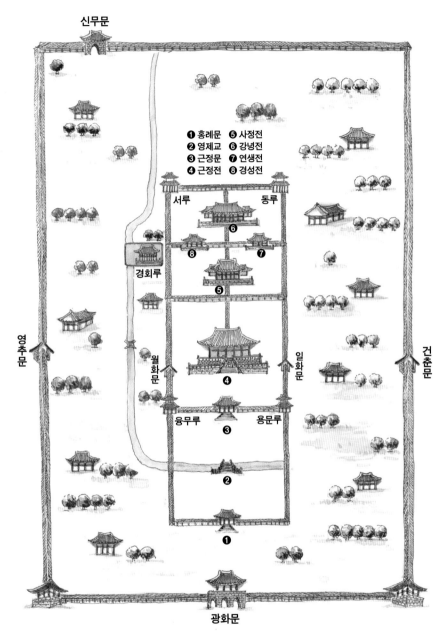

[Ⅰ 그림 1] 조선 전기(태조~세종) 경복궁 추정도

: 『태조실록』(태조 4년 1395년 9월 29일 경신)의 기록을 참고해 그린 추정도이며, 『태조실록』(태조 4년 1395년 10월 7일 정유)에 왕명으로 정도전이 각 전각에 붙인 이름을 표기하였다.

'제1차 왕자의 난'이 발생하였다. [10)]

예상치 못한 내부 변란으로 정국은 소용돌이 속에 휘말리게 되었고, 태조는 본처 소생 아들이 후처 소생 아들을 죽이는 것을 목도한다. 태조는 충격과 분노, 그리고 슬픔의 9일을 보낸 후 마침내 스스로 왕위에서 물러나고, 실질적 권력자인 방원의 뜻에 따라 태조의 둘째 아들 방과가 2대 왕에 즉위하게 된다. [11)]

본인의 의지나 능력이 아니고 어쩔 수 없이 왕위에 오른 정종(방과)은 동생 방원의 울타리에서 조금이라도 벗어나기 위한 방편으로 아버지가 그토록 공을 들인 한양을 버리고 개경으로 환도를 선택한다. [12)]

이에 태조는 세자 책봉 문제에서부터 시작된 본인의 잘못된 결정으로 '왕자의 난'이 발생하였고, 그 결과 다시 개경으로 환도하게 되자 세상을 향한 민망함을 갖기는 하였으나, 아버지이자 상왕의 지위를 가지고 나름

---

10) 『태조실록』(태조 7년 1398년 8월 26일 기사) 봉화백 정도전·의성군 남은과 부성군 심효생 등이 여러 왕자들을 해치려 꾀하다가 성공하지 못하고 형벌에 복종하여 참형을 당하였다. (이방원 등은 정도전, 남은, 심효생 등 정적들을 제거하였고, 이복동생인 방번과 세자 방석까지도 살해하였다. 이 제1차 왕자의 난을 무인정사라고도 부르는데, 실질적으로는 아버지인 태조 이성계를 대상으로 한 반란이라고 보아야 한다.)

11) 『태조실록』(태조 7년 1398년 9월 5일 정축) 임금이 도승지 이문화에게 일렀다. "내가 병에 걸려서 오랫동안 정사를 청단(聽斷)하지 못했지마는, 하루 동안에도 만 가지 일이 발생하니 그만둘 수가 있겠는가? 생각이 이에 이르게 되매 병이 더욱 더하게 되었다. 지금 세자에게 왕위를 전해 주고 마음을 편안히 먹고 병을 치료하여 여생을 연장하고자 하니, 그대가 문신에게 명하여 교서를 지어서 바치게 하라."

12) 『정종실록』(정종 1년 1399년 2월 26일 정묘) 종척(宗戚)과 공신을 모아서 도읍을 옮길 것을 의논하였다. (중략) "경기 안의 주현에는 대소신료와 숙위하는 군사가 의탁할 곳이 없고, 송도는 궁궐과 여러 신하의 제택(第宅)이 모두 완전합니다." 하니, 드디어 송경에 환도하기로 의논을 정하였다.

정치적인 영향력을 행사할 수는 있었다. [13)]

　이렇게 되자 실질적으로 권력을 가진 동생 방원과 상왕인 아버지 태조의 틈새에 낀 정종의 입지는 더욱 좁아지게 되었다. 또한 중요한 시설인 종묘와 사직, 문묘가 한양에 그대로 있어서 완전하게 개경으로 환도를 한 것도 아닌 어정쩡한 상태가 되었다. [14)]

　게다가 이듬해인 1400년 1월 28일 동생 방간에 의한 제2차 왕자의 난이 일어나고 방원이 이를 진압하게 된다. 이로써 방원의 권력이 더욱 굳건해지자 정종은 아버지 태조의 동의를 구하고 2월 1일 방원을 세자로 책봉하는 교지를 내렸다. 다시 사흘 후 2월 4일에는 전권을 주었고, 같은 해 11월 11일 아예 왕위를 방원에게 넘겨주게 되었다. [15)]

　이렇게 해서 태종 이방원은 무인정사(제1차 왕자의 난)를 일으키고 2년여 만에 왕위에 올라 조선의 모든 권력을 완벽하게 손에 쥐게 되었으나 세상의 이목과 아버지 태조를 의식하지 않을 수 없었다. 때문에 세자의 지위에

---

13) 『정종실록』(정종 1년 1399년 3월 13일 갑신) (중략) 태상왕이 일찍이 말하였다. "내가 한양에 천도하여 아내와 아들을 잃고 오늘날 환도하였으니, 실로 도성 사람에게 부끄럽도다. 그러므로 출입을 반드시 밝지 않은 때에 해서 사람들로 하여금 보지 못하게 하여야겠다." (아들에 의해 왕위에서 내려오게 된 태조 이성계는 세상에 대한 민망함을 갖기는 하였으나 조선 개국의 지분을 완전히 상실한 것은 아니었다.)

14) 『정종실록』(정종 1년 1399년 6월 27일 병인) 임금이 송도에 종묘를 새로 지을 것을 거론하였으나, 신하들의 반대로 그만두다.

15) 정종 2년(1400) 1월 28일에 발발한 제2차 왕자의 난은 이성계의 넷째 아들인 이방간이 논공행상에 불만을 갖고 있던 박포 등의 선동에 의해 거병하였다가 이방원에게 제압된 사건을 말하는데, 박포는 처형되었고 이방간은 토산에 추방되었다. 『정종실록』(정종 2년 1400년 2월 1일 병진) (중략) 정안공을 세자로 삼고 내외 군사를 도독하게 한다.

있으면서도 태상왕을 위한 덕수궁(개경)을 짓고, 옥책과 금보를 만들어 바치고, 존호를 지어 올리고, 또 태조가 지목하는 자신의 측근들을 귀향 보내는 등 아버지와의 화해를 위해 최대한 노력을 기울이게 된다. [16)]

태종의 이런 노력에도 불구하고 태조는 자신의 인생 역정에 대해 많은 생각을 하게 되고, 점차 속세와 정치를 떠나 불교에 귀의하려는 의중을 갖게 되었다. [17)]

한편 태종은 형인 정종에 의해 개경으로 환도가 된 상황이 크게 나쁘지는 않았지만 국론도 나뉘어져 있었고, [18)] 아버지 태조의 한양에 대한 의지와 애착이 강하고 간접적인 압력도 계속되고 있었기에 개경에 그대로 눌러 앉아 있을 수도 없는 형편이었다. [19)]

이런 상황을 옆에서 지켜보며 한양으로 돌아갈 날을 손꼽아 기다리던 태조는 더이상 기다리는 것을 포기하고 태종과 아무런 사전 협의나 통보 없이 소요산으로 떠나서 돌아오지 않는 장기 외유의 방식으로 직접 태종

---

16) 『정종실록』(정종 2년 1400년 7월 2일 을축) 태상왕에게 잘못 보인 참찬문하부사 조온을 완산부에 귀양 보내다. 태상왕이 세자에게 나쁘다고 말하여 이무와 조영무를 강릉부와 곡산부에 각각 귀양 보내다.

17) 『정종실록』(정종 2년 1400년 8월 21일 계축) 태상왕이 신암사를 중창할 것을 명하다.

18) 『정종실록』(정종 2년 1400년 12월 22일 임자) 술수에 관한 그림이나 서적을 금하도록 명하였다. 한양에 환도하기를 의논하는데, (중략) "지금 참위(讖緯) 술수의 말이 이러쿵저러쿵 그치지 않아 인심을 현혹하게 하니, 어떻게 처리할까?" (중략) 술수·지리에 관한 서적을 감추도록 하였다.

19) 『태종실록』(태종 1년 1401년 1월 14일 갑술) 남양군 홍길민이 한양 환도와 언로를 열어 놓을 것을 건의하다. (중략) 태상왕 전하께서 개국하시던 처음에 한양에 도읍을 정하고 경영한 지 두어 해 만에 종사(宗社)·궁궐·성시(城市)·여염(閭閻)이 성하게 이루어졌사온데, (중략) 전하께서는 태상왕의 개국건도(開國建都)한 뜻을 잘 이으시어 만세의 한없는 업을 정하소서.

을 압박하기 시작하였다. [20]

태조는 소요산에 별전을 지어 개경에 쉽게 돌아가지 않을 의사를 표출하였고, 태종은 어쩔 수 없이 두 달에 한 번 꼴로 소요산을 찾아가 태조의 비위를 맞추며 개경으로 돌아갈 것을 타진하였다. 하지만 태조의 의지는 오히려 더 확고부동해져 소요산에서 양주의 회암사로 거처를 옮기고 절을 큰 규모로 중창하기 위하여 토지와 인력 등을 요청하기에 이르렀다. [21]

처음에는 한양으로의 재천도를 압박하기 위하여 개경을 떠났던 태조는 사찰에서 무학대사와 생활하는 시간이 많아지면서 불심이 더욱 깊어졌다. 고기와 생선 등 육식을 하지 않는 지경에 이르게 되었고, [22] 아버지(이자춘)의 기일에는 한양으로 가서 승려들을 모아 기신(忌晨) 법회를 열었으며 잇달아 능엄법회를 갖기도 하였다. [23]

----

20) 『태종실록』(태종 1년 1401년 11월 26일 경술) 밤중에 태상왕이 소요산에 가니, 임금이 문밖에서 전송하려고 하였는데 미치지 못하였다. (태조는 이때 개경을 떠나 1년여를 밖으로 돌다가 이듬해인 태종 2년(1402년 12월 8일 정사)에야 개경에 돌아오는데, 이때 '함흥차사'라는 말이 생겨나게 된다. 『태종실록』에 의하면 태조가 함흥에 머문 기간은 1401년 윤 3월 11일부터 약 50일뿐이었고, 1402년에 일어난 조사의의 난 기간 동안에는 머문 시간은 없었고, 태조가 차사를 죽인 경우도 아예 없었으므로 '함흥차사'는 잘못 생겨난 말이 계속 구전된 것이다.)

21) 『태종실록』(태종 2년 1402년 6월 9일 신유) 태상왕이 소요산에서 회암사로 행차하였다. 태상왕이 회암사를 중수하고, 또 궁실을 지어 머물러 살려고 하니, 임금이 그 뜻을 어기기가 어려워서 대부(隊副) 1백 50명을 보내어 부역하게 하였다. (이 시기에 회암사에는 세 차례에 걸쳐 494결(약 5십만 평)의 토지가 하사되었다.)

22) 『태종실록』(태종 2년 1402년 8월 2일 계축) 임금이 회암사로 가서 태상왕을 조알하였다. 처음에 태상왕이 왕사 자초의 계(戒)를 받아 육선(肉膳)을 들지 아니하여, 날로 파리하고 야위어졌다. (중략) 태상왕이 말하기를, "국왕이 만일 나처럼 부처를 숭상한다면, 내가 마땅히 고기를 먹겠다." 하였다.

23) 『태종실록』(태종 2년 1402년 4월 28일 경진) 태상왕이 소요산으로부터 신도(新都)에 행차하여 승도를 모아 법회를 흥천사에서 베풀었으니, 이달 그믐날이 환왕(桓王)의 기신(忌晨)이기 때문이었다.

이런 상황에서 태조가 성묘를 명분으로 선영이 있는 함경도 동북면으로 떠나는 시기에 안변부사 조사의가 난을 일으켰다. 태조의 이동 동선에 있는 지역을 반란군이 장악하고 있다 보니 조정에서는 태조의 안위가 염려되었고, 또 혹시 태조가 반란군과 연합하거나 지휘를 하게 되었을 때 예상되는 정치적 상황도 고민이 되었으나 반란은 쉽게 진압되었다. [24]

한차례 큰 소동을 겪고 나서 평온이 찾아왔지만 태종의 마음은 그리 편안하지 않았다. 고려 왕씨의 도읍지였던 곳에 계속 눌러 앉아 있으면서 아버지 태조의 압박을 받는 것도 불편하고, 그렇다고 종묘사직이 있는 한양으로 가려고 하니 '제1차 왕자의 난'에 대한 좋지 않은 기억이 있었기 때문이었다. 도읍을 어디로 정할지 갈팡질팡하다가 결국 태종은 개경을 도읍으로 하자는 신하들의 의견을 받아들이게 된다. [25]

그렇게 조선의 수도가 다시 개경으로 확정이 되었으나 해가 바뀌면서 새로운 변수가 나타나기 시작하였다. 1404년 4월에는 길주의 석벽에서 이

(조정에서 개경으로 돌아올 것을 여러 차례 간청하였음에도 응하지 않고 태조가 굳이 한양에서 기신 법회를 연 것은 한양으로의 재천도를 압박하기 위한 의도로 보인다.)

24) 태조가 불교에 심취하여 회암사에 큰 불사를 일으킨 행적이나 동북면으로 이동한 동선을 살펴보면 조사의가 태조의 지시를 받았거나 연합한 것이라고 추정하는 것은 맞지 않다. 반란 기간 약 20여 일 동안 행재소에 계속 사신을 보낸 것과 반란 진압 이후에 태종이 예전과 비슷하게 수시로 태조를 찾아가 문안을 올린 것 등을 보면 태조가 반란을 부추겼거나 배후 조종 내지는 동조를 했다는 것은 억측일 뿐이다. (『태종실록』, 태종 2년 1402년 12월 2일 신해 참조)

25) 『태종실록』(태종 3년 1403년 2월 23일 경오) 삼부(三府)에서 송경에 도읍을 정하고 궁궐을 건덕전 옛터에 짓기를 의논하니, 윤허하였다. 처음에 삼부에서, 추동(楸洞)의 궁기(宮基)가 협소하고 비습한데 영선하는 것을 그치지 않으므로, 먼저 도읍을 정하고 궁궐을 세울 땅을 택하자고 청하였는데, 이때에 이르러 모여서 의논하고 강안전의 옛터에 합좌(合坐)하여 땅을 보고, 강안전 왼편 산에 솔을 심었다.

상한 불이 나더니 두 살배기 왕자가 사망을 하였고,[26] 5월에는 여러 지역에서 큰 우박이나 많은 비가 내리고 까마귀 떼가 나타나는 등 해괴한 일들이 연달아 발생하였다.[27]

이렇게 천재지변이 계속해서 발생하자 하늘의 노여움을 달래 보겠다고 많은 신하들이 사직을 청하고 태종도 이를 받아들였으나,[28] 6월에 들어서면서부터는 상황이 더욱 나빠졌다. 어쩔 수 없이 개경을 도읍으로 하겠다는 의사를 철회하고 개경과 한양의 양경(兩京) 체제를 운영하는 것으로 한발 후퇴하였다.[29]

태종과 여러 신하들은 그렇게 천재지변의 상황이 정리되기를 바랐을 것이나, 양경제(兩京制)를 하기로 결정한 이틀 후부터 13일 동안이나 전국적으로 많은 양의 비가 계속해서 내렸다. 그로 인해 개경 도성 안 시가(市街)

---

26) 『태종실록』(태종 4년 1404년 4월 28일 무술) 길주의 아란리 동쪽 석벽(石壁)이 스스로 탔는데, 깊이가 3척, 너비가 8척이나 되었다. 『태종실록』(태종 4년 1404년 4월 30일 경자) 두 살 난 왕자가 죽자 도감을 설치하여 장사 지내다.

27) 『태종실록』(태종 4년 1404년 5월 2일 임인) 배 또는 밤만 한 우박이 떨어지다. 『태종실록』(태종 4년 1404년 5월 19일 기미) 까마귀 떼가 백록산에 모여 울다.

28) 『태종실록』(태종 4년 1404년 6월 6일 을해) (중략) 하륜이 대답하기를, "천변(天變)·지괴(地怪)가 여러 번 나타났습니다. 신들이 재주 없는 사람으로서 재보(宰輔)에 있으니, 어진 사람을 위하여 길을 피하려고 청하는 것입니다." 하였다.

29) 『태종실록』(태종 4년 1404년 7월 10일 기유) (중략) "지난번에 이곳 송경으로 이어(移御)한 것은 길이 천사(遷徙)한 것이 아니고, 피방(避方)한 것이었다. 그러므로 종묘와 사직이 그대로 한경에 있다. 그러나 시일을 끌면서 결정하지 못한 지가 지금까지 6년이다. 요사이 천변(天變)과 지괴(地怪)가 여러 번 경고를 나타내니, 어찌 종묘와 사직이 멀리 한경에 있어 도읍이 정해지지 못하고, 인심이 평안하지 못하여 그러한 것이 아니겠는가?" (중략) 의정부에 하교하였다. "한경은 태조가 창건한 땅이고, 또 종묘가 있는 곳이니, 혹은 가기도 하고 혹은 오기도 하여, 양도(兩都)를 폐지함이 없도록 하라. 이제부터는 다시 의논하지 않을 것이다."

에 물의 깊이가 10척이 될 때도 있었고, 또 수많은 가옥과 인명 피해, 그리고 농경지 피해가 발생하였다.[30)]

이처럼 전국적인 홍수 피해 등이 발생하자 태종은 하늘의 노어움을 풀어 보겠다고 기청제(祈晴祭)와 기청법회(祈晴法會)를 갖기도 하고 급기야 음식을 먹지 않는 철선(輟膳)을 하며 노력하였다.

이런 태종의 노력 덕분이었는지 그칠 줄 모르던 비는 그쳤는데, 승승장구하며 무소불위의 권력을 가진 태종도 엄청난 자연의 힘 앞에는 두려움을 느꼈다. 태종은 반성하고 개선할 계획을 세우고 결국 개경을 떠나 한양으로의 재천도를 결심하게 되었고 태상왕 이성계는 반색하였다.[31)]

태종은 개경을 떠나는 것에 대해서는 결심을 굳혔으나, 1398년 제1차 왕자의 난을 일으켜 많은 살생을 한 경복궁으로 가는 것은 절대 피하려는 생각이었다. 태종이 경복궁이 아닌 다른 곳에 궁궐을 건축하려고 하자 측근인 하륜이 태조대에 한양의 대체지로 천거하였던 무악을 다시 강력하게

---

30) 『태종실록』(태종 4년 1404년 7월 19일 무오) 비가 크게 와서 성중에 물이 불어나, 시가 위의 물의 깊이가 10여 척(尺)이나 되었다. 풍반교의 수문이 기울어져 성이 이 때문에 무너졌다. 성중의 인호(人戶) 가운데 표류한 것이 35호였고, 반쯤 표류한 것이 69호였으며, 사람 가운데 익사한 것이 12명이었고, 말이 40여 필이었다.

31) 『태종실록』(태종 4년 1404년 9월 1일 기해) 성산군 이직 취산군 신극례로 한경의 이궁조성도감제조를 삼았다. 태상왕이 지신사 박석명을 불러 임금에게 전지하였다. "처음으로 내가 한양에 천도하였으니, 천사(遷徙)하는 번거로움을 내가 어찌 모르겠는가마는, 그러나 송도는 왕씨의 구도(舊都)이니, 그대로 거주할 수는 없다. 지금 왕이 다시 이곳에 도읍하는 것은 시조의 뜻에 움직여 따르는 것이 아니다." 임금이 의정부에 하지하기를, "한성은 우리 태상왕이 창건한 땅이고, 사직과 종묘가 있으니, 오래 비워 두고 거주하지 않으면, 선조의 뜻을 계승하는 효도가 아닐까 한다. 명년 겨울에는 내가 마땅히 옮겨 거주할 터이니, 응당 궁실을 수즙(修葺)하게 해야 할 것이다." 하고, 드디어 이러한 명령이 있었다.

추천하였다. 하지만 여러 풍수가들의 반대 의견에 부딪혀 개경과 한양, 무악 중에서 어디를 궁궐터로 할지 결정을 못하는 상황이 되었다. [32]

구도(舊都)인 개경이 가장 좋다는 의견도 나오는 상황에서 경복궁을 제외하고 또 다른 궁궐터를 어디로 할 것인지에 대해 의견이 분분했다. 결국 태종은 재위 4년(1404년) 10월 6일에 경복궁을 창건할 때 한양에 건축했던 종묘에 여러 신하들과 함께 들어가서 제사를 올린 뒤 개경과 무악, 한양 중에서 어디에 새 궁궐을 지을 것인지 차례로 동전 던지기를 하여 최종적으로 한양 향교동에 이궁을 짓기로 결정하였다. [33]

제1차 왕자의 난 이후 개경으로 환도를 한 지 6년여 만에 다시 개경을 떠나 한양 안에 새로운 궁궐을 짓기로 결정하고 공사가 시작되었다. 반대 세력들은 한양의 새 궁궐터나 무악의 터가 풍수적으로 나쁘다는 이유를 들어 재천도를 막아 보려 했으나, 태조의 의중과 자연재해에 대한 두려움

---

32) 『태종실록』(태종 4년 1404년 10월 4일 임신) 한양과 무악 중에 어느 곳을 도읍으로 정할 만한 것인지를 논의하다. 어가가 무악에 이르니, 임금이 중봉(中峯)에 올라 사람을 시켜 백기(白旗)를 한수(漢水) 가에 세우게 하고, 사방을 바라보고 말하기를, "여기가 도읍하기에 합당한 땅이다. 진산부원군이 말한 곳이 백기의 북쪽이라면, 가히 도읍이 들어앉을 만하다." 하고, 산을 내려오다가 대신(大臣)·대간(臺諫)·형조와 지리를 아는 자인 윤신달·민중리·유한우·이양달·이양 등을 모아 명당을 찾았다.

33) 『태종실록』(태종 4년 1404년 10월 6일 갑술) (중략) 임금이 종묘(宗廟)의 문밖에 나아가서 여러 사람에게 포고하여 말하였다. "내가 송도에 있을 때 여러 번 수재(水災)와 한재(旱災)의 이변(異變)이 있었으므로, 하교하여 구언하였더니, 정승 조준 이하 신도로 환도하는 것이 마땅하다고 말한 자가 많았다. 그러나 신도도 또한 변고가 많았으므로, 도읍을 정하지 못하여 인심이 안정되지 못하였다. 이제 종묘에 들어가 송도와 신도와 무악을 고(告)하고, 그 길흉을 점쳐 길한 데 따라 도읍을 정하겠다. 도읍을 정한 뒤에는 비록 재변(災變)이 있더라도 이의가 있을 수 없다." (중략) 묘당(廟堂)에 들어가, 상향하고 꿇어앉아, 이천우에게 명하여 반중(盤中)에 척전(擲錢)하게 하니, 신도는 2길 1흉이었고, 송경과 무악은 모두 2흉 1길이었다.

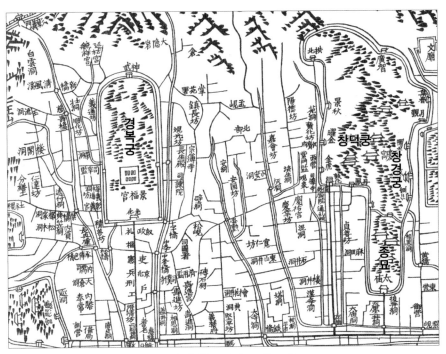

[I 그림 2] 조선 전기 궁궐과 종묘의 위치(「수선전도」에 표시)
(출처 : 국립중앙박물관(https://www.museum.go.kr))

을 의식한 태종은 한양으로의 재천도 의지를 굽히지 않았다. [34]

많은 신하들의 반대에도 태종은 천도 의지를 굽히지 않고 공사를 계속하였고, 가을이 되자 한양으로 왕실의 처소를 옮기는 일이 시작되었다.

먼저 1405년 9월 13일에 상왕인 정종이 먼저 한양으로 떠나고, 태종은

---

34 『태종실록』(태종 5년 1405년 8월 9일 임신) (중략) "지난 가을에 송도에 음려(陰沴)의 재앙이 있기 때문에 신도에 가서 종묘에 점쳤더니, 이미 길한 것을 얻었고, 금년 봄에 또 가서 수즙(修葺)하는 것을 보았더니, 공사가 거의 끝났으니 옮겨 갈 계책이 정하여졌다. 소민(小民)과 거실(巨室)이 모두 불가하다고 말하는데, 이것은 살고 있는 땅을 편안하게 여기고, 딴 곳으로 옮기기를 싫어하는 뜻이다." 하였다. (중략) 임금이 말하였다. "지난번에 천도에 대하여 의논이 있었는데, 신도와 무악은 모두 나쁘고, 이 도읍이라야 좋다고 하였으니, 이것은 흉악한 마음을 가진 자의 말이다."

아직 궁궐이 완성되기 전이었음에도 10월 11일 한양에 도착하여 종묘에 알현하고 조준의 집에 머물렀다. 10월 19일에 창덕궁이 완공되어 비로소 태종의 한양 시대가 시작되게 되었다.[35]

그렇게 자의 반 타의 반으로 어렵게 한양으로 재천도를 하였으나, 태종은 경복궁에 대한 좋지 않은 기억을 지우지 못하고 주로 창덕궁에서 생활하게 된다.[36] 그렇지만 후대를 위해 수시로 경복궁을 수리하면서 경내에 없던 물길을 만들어 풍수적인 비보를 하기도 하였고,[37] 경회루 연못을 파서 화재를 대비한 소방수 확보 사업 등을 하였다.[38]

1418년 8월 태종으로부터 선위를 받아 왕위에 오른 세종도 처음에는 창덕궁 생활을 했다. 재위 3년이 되면서부터는 창덕궁과 경복궁을 번갈아 이용하기 시작하였고,[39] 태종이 사망하고 장사를 치른 다음 달에는 아예 거처를 경복궁으로 옮겨 태조가 세운 법궁에서의 생활을 본격화하였다.[40]

---

35) 『태종실록』(태종 5년 1405년 10월 19일 신사) 이궁(離宮)이 완성되었다.

36) 『태종실록』(태종 11년 1411년 10월 4일 임진) (중략) "내가 태조의 개창하신 뜻을 알고, 또 지리의 설이 괴탄(怪誕)한 것을 알지만, 술자(術者)가 말하기를, '경복궁은 음양의 형세에 합하지 않는다.' 하니, 내가 듣고 의심이 없을 수 없으며, 또 무인년 규문의 일은 내가 경들과 말하기에는 부끄러운 일이다. 어찌 차마 이곳에 거처할 수 있겠는가?(무인년 규문의 일 = 제1차 왕자의 난)"

37) 『태종실록』(태종 11년 1411년 7월 30일 기축) 임금이 말하였다. "경복궁은 태조가 창건하신 것이니, 마땅히 여기에 거처하는 자손에게 보여야 하겠는데, 상지(相地)하는 자가 말하기를, '명당수가 없는 것이 흠이라.' 하니, 개천을 개통하도록 하라."

38) 『태종실록』(태종 12년 1412년 5월 16일 기해) 경복궁 새 누각의 이름을 경회루라고 명하였다.

39) 『세종실록』(세종 3년 1421년 5월 7일 무진) 임금이 창덕궁 궁인의 병자가 많음으로써, 이에 중궁과 함께 경복궁으로 옮겼다.

40) 『세종실록』(세종 4년 1422년 10월 3일 정해) 임금이 경복궁으로 옮겨 갔다. (태종은 1422년 5월 10일 사망하여 9월 5일에 장사를 마쳤다.)

이후 경복궁과 창덕궁 양궐을 함께 사용하면서도 경복궁의 중요성을 깨닫고 점차 시설의 보수와 정비에도 더 많은 공을 들였다. [41)]

그러면서도 세종은 풍수에 대해 각별한 관심을 가지고 있어서 궁성의 내사복시 북쪽에 연못을 파고 도랑을 내서 영제교에 물이 흐르도록 하였고, 남대문(숭례문) 안에는 지천사를 두고 밖에는 연못을 팠으며, 남산 주변에는 소나무를 심도록 하는 등 풍수적으로 문제점이나 보완해야 할 것이 있으면 지체없이 조치를 하였다. [42)] 재위 15년째인 1433년에는 풍수가(風水家) 최양선이 북한산에서 향교동(鄕校洞)으로 이어진 산줄기 끝의 승문원(承文院) 자리에 창덕궁을 다시 짓는 것이 좋다는 의견을 냈다. 이 의견이 경복궁 터의 길흉으로까지 확산되었고 나이 많은 신하들이 남산을 오르고 임금이 직접 북악산 중턱까지 올라가는 등 한바탕 소동이 생기기도 하였다. [43)]

---

41) 『세종실록』(세종 8년 1426년 10월 26일 병술) 집현전 수찬에게 명하여 경복궁 각 문과 다리의 이름을 정하게 하니, 근정전 앞 둘째 문을 홍례(弘禮), 세 번째 문을 광화(光化)라 하고, 근정전 동랑(東廊) 협문(夾門)을 일화(日華), 서쪽 문을 월화(月華)라 하고, 궁성(宮城) 동쪽을 건춘(建春), 서쪽을 영추(迎秋)라 하고, 근정문 앞 석교(石橋)를 영제(永濟)라 하였다.

42) 『세종실록』(세종 15년 1433년 7월 21일 임신) "근자에 글을 올리어 지리를 배척하는 사람이 더러 있으나, 우리 조종께서 지리로서 수도를 여기다 정하셨으니 그 자손으로서 쓰지 않을 수 없다. 정인지는 유학자인데, 역시 지리를 쓰지 않는 것은 매우 근거 없는 일이라고 말하였고, 나도 생각하기를 지리의 말을 쓰지 않으려면 몰라도, 만일 부득이하여 쓰게 된다면 마땅히 지리의 학설을 따라야 할 것인데, 지리하는 자의 말에, '지금 경복궁 명당에 물이 없다.'고 하니, 내가 궁성의 동서편과 내사복시의 북지 등처에 못을 파고 도랑을 내어서 영제교의 흐르는 물을 끌고자 하는데 어떻겠는가."

43) 『세종실록』(세종 15년 1433년 7월 18일 기사) 임금이 백악산 중봉에 올라서 삼각산 내맥을 살펴보고, 봉황암으로 내려와서 승문원 산맥의 형세를 살펴보았는데, 이양달·고중안·정앙 및 최양선 등이 각각 이롭고 해로운 점을 설명하여 아뢰었다.

2. 경복궁의 수난과 복원, 그리고 훼철의 역사

세종 이후 여러 임금을 거치면서 경복궁에는 점차 많은 전각이 지어져 규모도 커지게 되었다. 그러나 모든 일이 순조롭지만은 않아서 중종 38년(1543)에는 동궁전에 화재가 발생하여 동궁전과 자선당이 불에 탔고 불이 번지는 것을 막기 위해 승화당도 철거하는 일이 발생하였다. [44]

그 후 경복궁 창건 이래 가장 큰 화재가 명종 대에 발생한다. 1553년 9월 14일 내장고에서 시작된 화재로 강녕전·사정전·흠경각 등 많은 건물들이 불타서 부득이하게 임금이 창덕궁으로 처소를 옮겼는데, 이때 태조 때부터 전해 오던 많은 진보(珍寶)와 서적 등도 재가 되고 말았다. [45]

경복궁은 태조가 창건하고 그 후의 선대왕들이 확장을 계속해서 궁궐다운 면모를 갖추게 되었는데, 창건 이래 간간히 낙뢰나 소소한 화재는 있었지만 이번에는 워낙 크게 화재가 발생한 것이었다. 정신적 충격을 받은 명종은 선대 조에 대한 면목을 생각하여 이듬해 봄에 중건 공사를 시작하여 화재 후 1년 만에 빠르게 복원을 마무리하였다. [46]

---

44) 『연려실기술 II』, 이긍익 著, 민족문화문고간행회 譯, 1966, pp.479~481. 계묘년 1월 7일(『연려실기술』에는 기해년으로 표기) 야사에서는 문정왕후의 아들인 경원대군(후에 명종)을 보위에 앉히기 위해 윤원형 형제가 저지른 범행이라고 이야기한다.

45) 『명종실록』(명종 8년 1553년 9월 14일 정사) 경복궁의 대내에 화재가 나다.

46) 『명종실록』(명종 9년 1554년 9월 18일 병진) 조종들이 세운 궁궐이 모두 타버렸는데 올봄에 비로소 다시 짓도록 명하여 이에 이르러 완성된 것이니, 상께서 독촉했기 때문에 공사가 매우 빠르게 된 것이다.

그렇게 다시 안정을 되찾은 경복궁은 1592년 4월 13일 발발한 임진왜란으로 창건 이래 가장 큰 피해를 입게 된다. 전쟁이 시작된 후 조선군은 왜군과 전투다운 전투 한 번 없이 속수무책으로 밀려 급기야 4월 30일 선조가 서둘러 피난을 떠나자[47] 도성에 남아 있던 불량한 백성들이 약탈과 방화를 하는 과정에서 경복궁·창덕궁·창경궁 등 모두 불타게 되었다. [48]

도성을 떠나 평양을 거쳐 의주까지 밀리고 압록강을 건너 요동으로까지 피신을 하려 했던 선조는[49] 1년 6개월 만에 도성으로 돌아왔다. 모든 궁궐이 불에 타고 없는 상태이기 때문에 임시 거처로 월산대군의 사저(정릉동 행궁)를 사용하면서 궁궐 중건을 위해 명나라 군대를 따라온 여러 명의 풍수가로부터 자문을 받기도 한다. [50]

전란 이후 국력이 쇠진해져 도성 안의 모든 궁궐을 한꺼번에 중건할 수는 없는 상황이었다. 결국 선조는 1608년부터 본격적으로 종묘와 경복궁

---

47) 『선조실록』(선조 25년 1592년 4월 30일 기미) 새벽에 서울을 떠나다.

48) 『선조수정실록』(선조 25년 1592년 4월 14일 계묘) 도성의 궁성에 불이 났다. 거가가 떠나려 할 즈음 도성 안의 간악한 백성이 먼저 내탕고에 들어가 보물을 다투어 가졌는데, 이윽고 거가가 떠나자 난민(亂民)이 크게 일어나 먼저 장례원과 형조를 불태웠으니 이는 두 곳의 관서에 공사노비(公私奴婢)의 문적이 있기 때문이었다. (중략) 경복궁·창덕궁·창경궁의 세 궁궐이 일시에 모두 타버렸는데, 창경궁은 바로 순회세자빈의 찬궁(欑宮)이 있는 곳이었다.

49) 『선조실록』(선조 25년 1592년 6월 13일 신축) (중략) 상이 이르기를, "당초에 일찍이 요동으로 갔었더라면 좋았을 것인데, 의논이 일치하지 않아 이와 같은 지경에 이르게 되었다." (중략) 상이 이르기를, "아무리 그렇더라도 나는 반드시 압록강을 건너갈 것이다." 하였다.

50) 선조는 명나라에서 온 섭정국, 정응태, 서관란, 이문통 등에게 경복궁 터의 풍수에 대해 여러 차례 자문을 구하였다. 그러나 섭정국은 전의감 터가 좋다 하고, 서관란은 경복궁의 방향을 동쪽으로 약간 틀어야 한다 하고, 이문통은 광화문 안쪽의 어로(御路)가 좋은 터라 하는 등 이들의 의견이 다르자 신뢰를 하지 못하게 된다.(『선조실록』, 선조 27년 5월 20일 정유·선조 33년 9월 30일 경오 등 참조)

을 중건할 계획을 세우고 종묘·궁궐영건도감을 설치하여 1606년부터 목재, 철물, 기와, 돌 등을 준비하게 하고, 건국 초기 태조가 경복궁을 창건할 때의 풍수 지식을 활용하기로 하였다. [51]

그러나 하늘도 큰 토목 공사를 진행하는 것에 도움을 주지 않았다. 풍재(風災), 수재(水災), 한재(旱災)가 번갈아 가며 백성들의 생활을 더욱 곤궁하게 만들었고, 급기야 삼사(사간원, 홍문관, 사헌부)로부터 종묘·궁궐 중건 공사를 중단할 것을 요청받게 되었다. [52]

여러 가지 어려운 사정과 반대 의견이 있었지만 자신의 나이와 건강 상태 등을 고려한 선조는 15년이나 방치한 종묘와 경복궁의 중건을 더 이상 미룰 수 없다고 생각하고 공사를 시작하려 하였다. 그러나 경복궁 터는 불길하니 준비된 자재로 창덕궁을 짓는 것이 좋다는 전(前) 현령 이국필의 의견을 받아들여 결국 경복궁 중건을 포기하였다. 대신 1607년 창덕궁 공사를 시작하였으나 선조는 공사가 마무리되는 것을 보지 못하고 이듬해인 1608년 2월 세상을 떠나게 되었다. [53]

이어 왕위에 오른 광해군은 선왕인 선조가 경복궁을 중건하기 위해 준비를 하다가 풍수적으로 경복궁 터가 나쁘다는 의견 때문에 갑자기 방향

---

51) 『선조실록』(선조 40년 1607년 2월 12일 을사) 비망기로 정원에 전교하였다. "건축 초기에 한양을 도읍으로 정하고 경복궁을 지을 때에 반드시 여러 신하들이 논의한 것과 술사들이 지형을 살펴보고 한 말들이 있었을 것이다. 실록을 상고하여 빠짐없이 써서 들이라."

52) 『선조실록』 선조 40년, 1607년 6월 3일(사간원), 6월 6일(홍문관), 6월 7일(사헌부) 상소.

53) 『대동야승』의 『갑진만록』, 윤국형 著 '병오년 무렵에 이르러 종묘와 대궐을 다시 지을 계획으로 경복궁 터에 공사를 시작하려 하는데, 전 현령 이국필(李國弼)이 상소하여 경복궁이 그다지 좋지 못하니, 마땅히 창덕궁을 먼저 짓는 것이 좋다고 극언하므로 조정에서는 그 의견에 따라 결정하였다.' 『연려실기술 XI』, 이긍익 著, 민족문화문고간행회 譯, 1966, p.201의 기록에도 같은 내용이 있다.

을 틀어 창덕궁을 짓게 된 사실을 잘 알고 있었지만 창덕궁 터에 대해서도 풍수적인 신뢰를 하지 못하게 된다.

광해군은 창덕궁 터 역시 나쁘다는 생각을 떨쳐 버리지 못하고 1609년 봄에 완공된 창덕궁으로의 이어를 미루다가 2년이 훨씬 지난 1611년 10월 4일에서야 아주 조심스럽게 처소를 옮겼다. [54] 그러나 옮기고 불과 70여 일 만인 12월 20일에 신하들의 만류에도 불구하고 다시 경운궁(월산대군 사저는 경운궁이라 부르다가 고종 때 덕수궁으로 바뀜)으로 돌아가서 15개월을 머물다가 마지못해 1613년 3월 12일에야 창덕궁으로 환어하였다. [55]

광해군은 태조가 창건한 경복궁을 중건해야 한다는 생각을 가지기도 하였지만, [56] 경복궁 역시 풍수적으로 터가 좋지 않다고 인식하고 있는 상태였기 때문에 경복궁과 창덕궁이 아닌 다른 장소에 궁궐을 건축하려고 생각을 바꾸게 되었다. 처음에는 술관 이의신의 조언에 따라 교하로의 천도 의견을 내서 반년 가까이 논쟁을 벌이다가 신하들의 반대에 부딪혀 포기하였다. [57] 그러다 1616년에는 인왕산 아래에 궁궐을 지을 만한 터가 있다

---

54) 『광해군일기』(정초본 1년 1609년 5월 5일 을유) 묘시(卯時)에 어가가 창덕궁에 납시어 선정전에서 연회를 청했다. 『광해군일기』(중초본 3년 1611년 10월 4일 경오) 왕이 창덕궁에 이어하였다.

55) 『광해군일기』(정초본 5년 1613년 3월 12일 경오) 창덕궁 인정전으로 다시 거처를 옮기고 나서 교서를 반포하고, (중략) 초저녁에 행궁(行宮)으로 돌아왔다.

56) 『광해군일기』(정초본 3년 1611년 11월 21일 병진) 전교하였다. "경복궁을 다시 세우기 전에는 경운궁이 하나의 이궁(離宮)이 되어야 할 것이니, 각사를 설치했던 곳은 마땅히 구례에 따라 그대로 설치하여 대기하게 해야 할 것이다. 허물어 버리지 말고 다시 수리하게 할 일을 각 해사에 말하라." 『광해군일기』(정초본 8년 1616년 8월 14일 임자) (중략) 전교하기를, "윤허한다. 경복궁도 중건을 해야 하니, 깔아놓은 돌을 모두 가져다 쓰지는 말고, 응당 들여올 숫자를 일일이 서계한 뒤에 갖다가 쓰도록 하여 허술해지고 유실되는 폐단이 없도록 하라." 하였다.

57) 『광해군일기』(정초본 4년 1612년 윤 11월 5일 갑자) 교하(交河)로 도읍을 옮기는 일을 가지고 2품

는 의견을 제시한 성지, 시문룡 등의 말을 믿고 인경궁(인조 때 훼철되어 지금은 없음) 공사를 시작하였고,[58] 1617년에는 김일룡의 의견에 따라 많은 신하들의 반대에도 불구하고 다시 경덕궁(현재의 경희궁) 공사를 시작해서 지나치게 국력을 낭비하게 되었다.[59]

광해군은 즉위 초부터 끊임없이 벌어지는 역모 사건 등으로 국론이 분열되고 궁궐 내에서 사람들이 죽어 나가는 등의 변고가 많아지자 창덕궁 터가 불길하다고 더욱 확신하게 된다. 광해군은 극도로 불안과 초조함을 나타내면서 하루빨리 창덕궁을 떠나고 싶어 하였으나,[60] 대외적으로 명나라가 쇠퇴하고 후금(나중 청나라)이 출현하는 등의 국제 환경에 변화가 생겨 입지가 좁아진 상태에서 두 곳의 궁궐 공사를 동시에 진행하다 보니 공사 속도는 하염없이 더뎌지게 되었다.

처절할 정도의 거듭된 광해군의 재촉에도 두 궁궐의 공사가 마무리되지

이상에게 수의(收議)하라고 명하였다.

58) 『광해군일기』(정초본 8년 1616년 3월 24일 갑오) 왕이 성지와 시문룡 등에게 인왕산 아래에다 새 궁궐의 터를 잡게 하였다. 왕이 이의신의 말을 받아들여서 장차 교하(交河)에 새 도읍을 세우려고 하였는데, 중론(衆論)이 한꺼번에 일어나서 그렇게 하지 못하였다. 이에 성지와 시문룡 등이 왕에게 토목 공사를 크게 일으키려는 뜻이 있음을 알고 몰래 인왕산 아래가 궁궐을 지을 만하다고 아뢰자, 왕이 크게 기뻐해서 즉시 터를 잡으라고 명하였다.

59) 『광해군일기』(정초본 9년 1617년 6월 11일 갑진) (중략) 술인 김일룡이 또 이궁을 새문동에다 건립하기를 청하였는데, 바로 정원군(定遠君)의 옛집이다. 왕이 그곳에 왕기가 있음을 듣고 드디어 그 집을 빼앗아 관가로 들였는데, 김일룡이 왕의 뜻에 영합하여 이 의논이 있게 된 것이다.

60) 『광해군일기』(정초본 11년 1619년 11월 4일 계미) 전교하였다. "근래에 대내에 요사스러운 변고가 계속 일어나고 있으나 밖의 신하가 어찌 궁궐 안의 사정을 다 알 수 있겠는가. 임금이 지금 물불처럼 위험한 지경에 처해 있는데 신하로서 어찌 차마 위험한 곳에 그대로 있기를 청할 수 있겠는가. (중략) 지금 요사스런 변고가 다시 일어나 결코 그대로 있기가 어려우나 옮겨 갈 만한 곳이 없어 어쩔 수 없이 그대로 머물러 있게 되었다."

못한 상태에서 1623년 3월 13일 인조반정이 일어났다. 결국 광해군은 그토록 희망했었던 창덕궁이 아닌 다른 좋은 터의 궁궐에서는 생활을 해 보지도 못하고 쫓겨나게 되었다.

반정을 일으켜 왕위에 오른 인조는 반정 때와 1624년 1월에 발발한 이괄의 난 당시에 발생한 화재로 창덕궁의 서쪽 전각들 대부분과 창경궁 내전 건물들이 소실되어 재위 기간 내내 창경궁과 경덕궁(경희궁)에서 번갈아 머물렀으나 경복궁을 재건하는 것은 생각도 하지 않았다.[61]

이후 후대 임금들 재위 중에는 간간이 빈터로 남아 있는 경복궁을 중건해야 한다는 상소가 올라오기도 하였다. 그러나 대부분 왕들은 경복궁을 복원할 엄두를 내지 못하였고 다만 현종이 경복궁에 대비를 위한 건물을 세울 의견을 낸 것 외에[62] 영조 등은 잠시 둘러보러 가거나 과거 시험장으로 사용하는 정도로만 관리를 하며 법궁으로서 명맥만 유지하였다.[63]

조선 왕조는 임진왜란 과정에서 경복궁·창덕궁·창경궁 등 모든 궁궐을

---

61) 『인조실록』(인조 1년 1623년 3월 15일 을사) (중략) 반정하던 날 밤에 호위병이 실화하여 궁전이 연소되고 광해의 별탕고가 모두 잿더미가 되었기 때문이다. 『인조실록』(인조 11년 1633년 3월 28일 기미) 수리소가 아뢰기를, "창경궁의 대내 전각이 거의 다 소실되었기 때문에 반드시 인경궁의 대내 전각을 헤아려 철거하여야 완성할 수 있고."

62) 『현종실록』(현종 8년 1667년 윤4월 18일 임진) 상이 여러 대신들에게 이르기를, "근래 궁중에 귀신의 변괴가 많았는데 자전께서 계시는 곳이 더욱 불안했으므로 지난번 경덕궁(慶德宮)에 받들어 옮겼다. 그러나 자전께서 옛 궁을 계속 폐지해 둘 수 없다고 여겨 지금 다시 돌아오셨는데, 변괴가 여전하다. 변통하는 조처가 없어서는 안 되겠기에 경복궁의 옛터에 간단하게 새로 궁을 지으려 하는데, 경들의 뜻은 어떠한가?"

63) 『영조실록』(영조 45년 1769년 2월 11일 갑자) 경복궁 근정전의 옛터에 나아가 식희 문·무과(飾喜 文武科)의 방방(放榜)을 하고, 이어서 곧 환궁하였다. (영조는 재위 기간 동안 생모인 숙빈 최씨의 사당이 있는 경복궁 후원의 육상궁을 자주 참배하면서 경복궁을 많이 찾았다.)

불태워 잃어버리고 나서 먼저 이궁인 창덕궁을 중건하고 이어서 창경궁을 중건하고 뒤에 경덕궁(경희궁)과 인경궁을 새로 만들었다. 법궁인 경복궁은 빈터로 방치한 채 흥선대원군에 의해서 중건될 때까지 270여 년간 창덕궁을 정궁으로 사용하게 된다.

1865년 3월 의정부 건물을 보수하는 중에 대청 섬돌 아래에서 '계해년(1863) 말에서 갑자년(1864) 초에 새 왕이 등극해도 손이 끊어질 것이나 경복궁을 중건하고 보좌를 옮기면 후대가 잘 이어지고 국운이 연장되고 인민이 번성하리라.'는 검은색 돌이 발견되었는데, 이 보고를 받은 흥선대원군이 경복궁 중건의 명분으로 삼게 된다.[64]

경복궁의 본격적인 중건이 이루어진 것은 고종 재위 2년인 1865년 4월 2일 대왕대비(신정왕후)의 명으로부터 시작되었는데,[65] 이튿날 궁궐영건도감이 설치되는 등 흥선대원군의 진두지휘하에 빠르게 진행되었다.[66]

대왕대비의 명이 내려지고 불과 열흘 후인 4월 12일에 임금이 직접 경복궁 터를 둘러보았고, 4월 13일에는 대원군과 여러 신하들이 근정전의 터를

---

64) 『국역 경복궁영건일기(1)』, 서울역사편찬원 著, 2019, p.40. 『경복궁영건일기』의 서문에 경복궁 중건을 시작하게 된 명분을 기록했다.

65) 『고종실록』(고종 2년 1865년 4월 2일 병인) 대왕대비가 경복궁을 중건할 것을 명하다. 대왕대비가 전교하기를 "경복궁은 우리 왕조에서 수도를 세울 때 맨 처음으로 지은 정궁이다. (중략) 그러나 불행하게도 전란에 의하여 불타버리고 난 다음에 미처 다시 짓지 못한 관계로 오랫동안 뜻 있는 선비들의 개탄을 자아내었다." (신정왕후는 순조의 아들인 추존 익종의 부인으로 아들 헌종이 즉위를 하면서 대왕대비가 되었다.)

66) 『고종실록』(고종 2년 1865년 4월 3일 정묘) (중략) 대왕대비가 말하기를, "이처럼 더없이 중대한 일은 나의 정력으로는 모자라기 때문에 모두 대원군(大院君)에게 맡겨버렸으니 매사를 꼭 의논하여 처리하라."

닦고 고사를 지내는 것으로 공사를 시작하였다.[67]

궁성을 쌓고 교태전을 짓는 공사부터 일사천리로 진행되었는데,[68] 궁궐의 방향은 교태전 이하 전각들의 땅속에 묻혀 있던 주춧돌을 확인하여 잘못 알려진 임좌 병향 대신 정남향인 자좌 오향으로 정하였다.[69]

워낙 방대한 공사를 사전 준비 없이 급작스럽게 시작하다 보니 자재를 준비하는 것이 가장 큰 과제였다. 철물과 석재 등도 문제였지만 한옥에서 가장 많이 필요한 나무의 확보가 쉽지 않았는데, 기둥이나 대들보로 사용할 대목(大木)과 서까래 등으로 쓸 작은 목재를 구하기 위하여 지역을 가리지 않고 차출하였는데,[70] 강원도 인제, 함경도 안변 등 먼 거리에 있는 나무도 벌채를 해 왔고, 사대부가의 선영에 있는 목재뿐만 아니라 심지어는

67) 『국역 경복궁영건일기(1)』, 서울역사편찬원 著, 2019, p.69. (1865. 4. 13 기록) 신시에 경복궁에 개기하였다. 먼저 근정전의 터를 닦고 그 위에 묘방에서 고사를 지냈다.

68) 『고종실록』(고종 2년 1865년 4월 28일 임진) 영건도감(營建都監)에서, '경복궁 축성(築城)의 길일(같은 해 6월 20일)과 교태전 영건의 길일(정초(定礎)는 같은 해 6월 20일, 입주(立柱)는 같은 해 10월 9일, 상량(上樑)은 같은 해 10월 11일)을 가려 택하였습니다.'라고 아뢰었다.

69) 『국역 경복궁영건일기(1)』, 서울역사편찬원 著, 2019, p.83. (1865. 4. 27 기록) 법궁의 좌향은 국승과 야사에 모두 임좌라고 하였으니, 당시 사람들이 모두 임좌라고 알고 있었던 것은 이 때문이다. (중략) 안명효가 윤도를 가지고 추측하였는데 교태전 이하 제전의 옛 주춧돌 및 광화문은 모두 자좌였으며 조금도 차이가 없었다.
『태조실록』(태조 3년 1394년 9월 9일 병오) 기록과 『연려실기술 XI』, 이긍익 著, 민족문화문고간행회 譯, 1966, p.171에 경복궁과 창덕궁의 정전이 임좌 병향이라 기록되어 있다.

70) 『국역 경복궁영건일기(2)』, 서울역사편찬원 著, 2019, p.35. (1866. 6. 20 기록) (중략) 함흥 감영의 보고를 보니 함흥 지역에 있는 36그루를 감영장교를 보내 서울 목수와 함께 이미 베어내 해안의 포구로 내려 보냈습니다. p.90. (1866. 10. 20 기록) 영건에 쓸 대량목 32그루를 통영 지역에 배정하고 해당도의 조창선으로 실어오게 하였다.

구 분	개기일	정초일	입주일	상량일
교태전	1865. 5. 14	1865. 6. 20	1865. 10. 9	1865. 10. 11
강녕전		1865. 6. 20	1865. 10. 9	1865. 10. 11
연생전		1865. 6. 20	1865. 10. 9	1865. 10. 11
경성전		1865. 6. 20	1865. 10. 9	1865. 10. 11
신무문	1865. 6. 9	1865. 8. 24		1865. 9. 22
광화문	1865. 5. 17	1865. 9. 16		1865. 10. 11
인지당	1865. 9. 9	1865. 10. 9	1865. 10. 24	1865. 11. 16
함원전	1865. 9. 12	1865. 10. 9	1865. 10. 24	1865. 11. 16
천추전	1865. 8. 16	1865. 10. 22	1865. 11. 7	1865. 12. 9
자미당		1865. 11. 22	1865. 12. 3	1865. 12. 15
만춘전	1865. 8. 22	1865. 12. 24	1866. 1. 12	1866. 2. 2
자경전	1866. 3. 1	1866. 4. 27		1866. 8. 25
근정전	1866. 6. 8	1866. 8. 25	1867. 1. 7	1867. 2. 9
사정전	1866. 6. 8	1866. 8. 25	1867. 1. 7	1867. 2. 9
만화당		1866. 11. 17	1866. 11. 19	1866. 11. 29
만경당		1866. 11. 17	1866. 11. 19	1866. 11. 29
경회루		1867. 2. 7	1867. 4. 12	1867. 4. 20
자선당	1867. 4. 3	1867. 5. 2	1867. 6. 12	1867. 6. 28
수정전		1867. 5. 20	1867. 6. 13	1867. 6. 29
선원전	1867. 6. 24	1867. 11. 15	1867. 11. 28	1867. 12. 7

[I 표 1] 경복궁 중건 정초일 기준 진행 일정(참고 자료 : 『국역 경복궁영건일기(1)』)

: 표의 색상은 정초일 기준으로 구분하였다.

능원(陵園) 등 왕실의 묘역에서도 나무를 잘라내 사용하였다. [71]

그럼에도 많은 물자와 인력이 투입되어야 하는 일이라서 동시에 많은 전각을 건축할 수는 없었기 때문에 교태전, 강녕전, 연생전, 경성전 등의 내전 건물 공사를 먼저 시작하였다. 뒤이어 궁성과 궁궐문 공사를 착공하였고, 인지당, 함원전, 천추전, 만춘전 순으로 공사를 진행하였으며 외전은 나중에 중건하는 것으로 진행하였다. [72]

대왕대비나 흥선대원군의 생각은 공사를 빨리 끝내고 임금의 처소를 경복궁으로 옮기고 싶어 하였으나 워낙 큰 공사였기 때문에 처음에 세웠던 계획대로 되지는 않았다. [73]

어렵사리 구한 목재를 운송하는데 따른 어려움도 컸는데, 간혹 운송 도중 큰비로 인하여 떠내려가기도 했다. 또 1866년 3월 6일에는 동십자각 근처 화공들이 머무는 가건물에 화재가 발생하였고, [74] 1867년 2월 9일에도

---

71) 『승정원일기』(고종 2년 1865년 5월 9일 계묘) 김상현이 영건도감 도제조의 뜻으로 아뢰기를, "지금 이 경복궁의 각 전당 세울 때 들어가는 큰 대들보나 높은 기둥 등은 그 크기가 엄청난데 이런 재목을 구해 얻을 만한 곳이 없습니다. 그런데 예전에 건축 공사를 벌일 때 각 능침의 화소(火巢) 안에 있는 소나무들을 수요에 따라 벌채하여 썼던 예가 있습니다. 그래서 지금 역시 과거의 예에 따라 각 능원의 묘소가 있는 곳에서 쓸 만한 재목을 골라 벌채한 뒤 가져다 쓰기로 하겠습니다. 감히 아룁니다."

72) 『경복궁 변천사(상)』, 문화재청 著, 2007, p.44. ([Ⅰ표 1] 참조)

73) 『고종실록』(고종 3년 1866년 12월 3일 무자) 전교하기를, "정전 건설을 시작한 지 이제 두 해째 된다. 공사는 비록 방대하다고 하더라도 준공이 이미 기한이 정해졌으며, 더구나 자식처럼 온 백성들의 노력인 데야 더 말할 것이 있겠는가? 전각은 역시 이미 건설했으나 각 관청을 설치하는 문제에 이르면 배포(排布)한 것이 있으니 응당 차제로 완공해야 할 것이다. 이어(移御)하는 길일은 내년 10월 내에서 택하여 들여오라." 하였다.

74) 『승정원일기』(고종 3년 1866년 3월 6일 을축), 『고종실록』(고종 3년 1866년 3월 6일 을축)에도 같은 내용이 있는데 『국역 경복궁영건일기(2)』에는 3월 5일에 화재가 발생한 것으로 되어 있음.

도감 별간역과 원역소, 그리고 나무를 다듬는 가건물에서 불이 났다.[75] 이 두 차례의 큰 화재로 인하여 준비해 놓은 목재가 많이 소실되었는데 이로 인하여 공사의 속도가 많이 늦춰지는 결정적 요인이 되었다.

또한 이 무렵의 쇄국정책과 병인박해, 그리고 그로 인한 병인양요의 발생 등의 주변 정세 등도 공사를 더디게 하는 한 요인이 되었다.[76]

수많은 우여곡절 끝에 1867년 11월 16일 경복궁 정전의 공사가 마무리되어 임금과 대왕대비(신정왕후), 대비(철인왕후), 중전(명성황후)이 함께 축하 행사를 가졌으나,[77] 부속 건물 등의 마무리가 완벽하게 되지 않아 이듬해인 1868년 7월 2일에야 정식으로 이어를 하였다.[78]

조선 초 태조의 강력한 의지에 의해 한양으로 천도를 하면서 경복궁이 법궁으로 지어졌으나 임진왜란 때 허무하게 소실되었다가 276년 만에 다시 법궁의 지위를 갖게 되어 나라와 왕조의 자존심을 되찾는 계기가 되었다고 할 수 있다.

---

75) 『국역 경복궁영건일기(2)』, 서울역사편찬원 著, 2019, p.177. (1867. 2. 9 기록) 『고종실록』(고종 4년 1867년 2월 10일 갑오) 전교하기를, "경복궁의 역사(役事)가 거의 절반이나 된 때에 불이 나서 허다한 목물(木物)이 소진되었으니 아주 민망한 일이다."

76) 1866년 1월부터 시작된 남종삼 등 수천 명의 조선인 천주교 신자와 9명의 서양 선교사들에 대한 처형을 '병인박해'라고 하며, 이로 인하여 발생한 프랑스 함대의 강화도 공격 사건을 '병인양요'라고 한다.

77) 『국역 경복궁영건일기(2)』, 서울역사편찬원 著, 2019, pp.351~366. (1867. 11. 16 기록)

78) 『고종실록』(고종 5년 1868년 7월 2일 정축) 경복궁으로 이어(移御)하였다. (중략) 전교하기를, "법궁을 영건한 지 겨우 40달가량밖에 되지 않는데 지금 벌써 이어하게 되었다. 300년 동안 미처 하지 못하던 일을 이렇게 완공하였으니, 그 기쁘고 다행한 마음을 이루 다 말할 수 있겠는가?"

이처럼 어렵사리 중건한 경복궁이었음에도 수난은 멈추지 않았다. 중건 후 5년이 되던 해인 1873년 12월에 화재가 발생하여 자경전을 중심으로 교태전·자미당·인지당 등의 건물이 소실되었다.[79] 이로 인하여 고종이 약 1년 6개월간 창덕궁으로 처소를 옮겼다가 경복궁으로 돌아오게 되었다.

그런데 경복궁으로 이어하고 1년 5개월 만인 1876년 11월 4일 또다시 경복궁에는 더 큰 화재가 발생하였다. 이번에는 앞서 불타 중건하였던 건물들 모두와 강녕전·경성전·연생전 등 내전 주요 건물들 총 830여 간이 피해를 입었다.[80]

이때의 화재는 1873년 12월 화재에 비해 피해 규모가 2배 정도 컸지만 임금은 곧바로 창덕궁으로 옮기지 않고 약 4개월간 건청궁에 머물다가 1877년 3월 창덕궁으로 이어를 했다가 약 8년 후인 1885년 1월에야 경복궁으로 돌아온다. 화재 직후 불탄 건물들을 중건해 놓고도 처소를 옮기지 않고 창덕궁에서 계속 생활하고 있었던 것이다.[81]

1885년 1월 17일 경복궁으로 돌아온 고종은 기존의 궁궐에서 생활하지 않았고 재위 10년(1873)에 자신이 만든 건청궁에서 계속 머물다가 1895년 8월 20일에 발생한 을미사변으로 친일파가 득세를 하게 되자 12월 28일에

---

79) 『고종실록』(고종 10년 1873년 12월 10일 갑신) 자경전에 화재가 일어났다. 『고종실록』(고종 12년 1875년 6월 3일 무진) 경복궁의 교태전, 자경전, 자미당, 인지당을 재건할 때의 제술관 이하에게 차등 있게 시상하였다.

80) 『고종실록』(고종 13년 1876년 11월 4일 신유) 경복궁에 화재가 일어났다. 830여 간이 연달아 불길에 휘감겼다.

81) 『고종실록』(고종 19년 1882년 6월 5일 기미) 전교하기를, "경복궁으로 이어해야 하니, 날짜는 이달 그믐 이전으로 택하여 들이라." 하였다. ('건축'이 아닌 '수리'라는 단어가 쓰였고, 25일 남은 기간 안에 이어를 명한 것을 보면 이미 건물이 지어져 있다고 보아야 한다.)

아관파천으로 정치적 위기를 돌파하려 하였으나 국가의 주권과 이권이 손상되는 결과를 얻게 된다. [82]

고종은 약 1년간의 러시아 공관 피난 생활을 마치고 1897년 1월 19일 다시 환궁을 하였다. 하지만 청일전쟁과 을미사변으로 두 번이나 경복궁을 점거 당한 경험이 있고, [83] 일제의 횡포가 극심하여 왕비 서거 후 1년 반이 지나도록 장사를 치르지 못하였기에 러시아 공관과 가까이에 있어 경복궁에 비해 상대적으로 안전하다고 판단되는 경운궁(덕수궁)으로 돌아갔고 그 이후에 경복궁에는 머물지 않았다.

이렇게 하여 270여 년만에 중건된 경복궁에 44년의 재위 기간 중에 고종이 머문 기간은 약 19년 정도인데, 그 가운데 중건 당시 건축된 정전에 머문 기간은 약 9년 정도 뿐이고 10년 정도는 건청궁에 머물렀다.

그러나 중국·러시아·일본·영국·프랑스 등 세계 열강들이 동북아시아에서 세력을 넓히려 혈안이 되어 있는 국제 정세 상황에서 일본이 청일전쟁에 이어 러일전쟁도 승리를 하게 된다. 러시아의 대일본(對日本) 견제 능력이 사라졌고, 결국 을사조약이 체결되면서 대한제국과 경복궁의 운명은

---

82) 을미사변은 1895년 8월 20일 일본인 자객들이 경복궁 내 건청궁에 왕비의 침소에 난입하여 왕비를 시해하고 시신을 불태운 사건을 말하며, 아관파천은 을미사변으로 신변의 위협을 느낀 고종이 1895년 12월 28일부터 1897년 1월 18일까지 러시아 공관에 머문 사건을 말한다. 『승정원일기』는 1895년 12월 28일부터 러시아 공관에 머물렀다고 기록되어 있으나, 『고종실록』에는 아관파천일을 1896년 2월 11일로 기록하고 있다.)

83) 『고종실록』(고종 31년 1894년 6월 21일 병인) 일본 군사들이 대궐로 들어왔다. 이날 새벽에 일본군 2개 대대가 영추문으로 들어오자 시위 군사들이 총을 쏘면서 막았으나 상이 중지하라고 명하였다. 일본 군사들이 마침내 궁문(宮門)을 지키고 오후에는 각영(各營)에 이르러 무기를 회수하였다.

새로운 시련을 맞았다. [84)]

1905년 이전의 경복궁은 법궁으로서 지위는 잃었지만 궁궐로서의 권위를 지키기 위해 어려운 경제 여건 속에서도 지속적인 보수와 정비를 했다. 하지만 1905년 이후에는 일제가 우리나라 지배의 이념적 세뇌를 위해 조선 시대 국가를 상징하던 경복궁을 개방하여 일반인에게 관람을 시키는 등 공원화 과정을 밟게 되면서 법궁으로서 권위는 사라지게 되었다. [85)]

또 을미사변이 일어난 건청궁이 1909년을 전후로 훼철되었고, 1910년 5월경에는 경복궁 중건 당시 7,714간이었던 전각 건물의 3분의 2에 해당하는 4,000여 간이 경매로 팔려 나갔다. [86)]

1910년 8월 29일 일제가 한국의 통치권을 일본에 양여함을 규정한 한일병합조약이 강제로 체결되었고, [87)] 1911년 5월 17일에는 경복궁 전체의 토지 소유권이 조선총독부로 넘어가기에 이르렀다. [88)]

이 시점에 이미 경복궁은 크게 훼철되었지만 일제가 1915년 9월 11일부터 10월 31일까지 약 50일간 진행한 '시정 5년 기념 조선 물산 공진회'를 개최하기 위해 총 7만 2천 8백 평의 공간을 확보하면서 근정전 주변과 자

---

84) 『고종실록』(고종 42년 1905년 양력 11월 17일) 한일협상조약이 체결되었다. (을사늑약(乙巳勒約)이라고도 하며, 이로서 한국은 외교권을 상실하였고 통감부가 설치되면서 사실상 일본이 한국의 국정을 좌지우지하게 되었다.)

85) 『경복궁 변천사(상)』, 문화재청 著, 2007, p.61.

86) 『경복궁 변천사(상)』, 문화재청 著, 2007, pp.68~69.

87) 『순종실록』(순종 3년 1910년 양력 8월 29일) 황제는 다음과 같이 말한다. (중략) 한국의 통치권을 (중략) 대일본 황제 폐하에게 양여한다. (경술국치라 부른다.)

88) 『순종실록 부록』(순종 4년 1911년 양력 5월 17일) 경복궁 전체 면적 19만 8천 624평(坪) 5합(合) 6작(勺)을 총독부에 인도하였다.

[I 그림 3] 조선 물산 공진회 포스터(출처 : 국립민속박물관(https://www.nfm.go.kr))

경전, 교태전 이남에 있는 자선당, 비현각, 시강원 등 15동의 건물을 철거하였다. 또한 남아 있던 근정전, 강녕전, 사정전 등의 주요 정전 건물들을 행사용으로 개조하여 사용하며 법궁으로서 남아 있던 권위를 완전히 짓밟았다. [89)]

그러나 이것으로 경복궁의 수난이 끝난 것이 아니었다. 일제는 1910년 한일병합조약을 체결한 후 기존의 통감부 규모를 엄청나게 키우고 명칭을 총독부로 바꾸었는데, 식민 통치가 시작되었음을 과시하기 위해 상징성이 있는 경복궁을 총독부 청사 부지로 결정하게 된다. [90)]

---

89) 『경복궁 변천사(상)』, 문화재청 著, 2007, pp.70~74.

90) 『경복궁 변천사(상)』, 문화재청 著, 2007, p.79.

[Ⅰ 그림 4] 조선총독부 건물(출처 : 서울역사박물관(https://museum.seoul.go.kr))

1917년 11월 11일에는 창덕궁 내전에서 화재가 발생하여 대조전·희정당 등 많은 건축물이 불에 탔다. 이를 복구하기 위해 경복궁 교태전·강녕전·경성전·연성전 등의 내전 건물들을 철거해서 사용하는 바람에 결국 경복궁에는 근정문·근정전·사정전·천추전·자경전 등의 전각과 경회루·향원정 등만 남게 되었다. [91]

게다가 총독부 건축 공사를 1916년 6월부터 시작하면서 정문인 광화문은 궁성 동쪽으로 옮기고 궁성 남쪽의 담장을 철거하여 궁궐의 권위를 완전히 없앤 다음 근정전 앞을 가로막으며 날일(日) 자(字)를 가로로 한 형상

---

91) 『경복궁 변천사(상)』, 문화재청 著, 2007, p.87.

[I 그림 5] 경복궁의 완전한 복원을 위해 이전할 기관 : 국립고궁박물관, 국립민속박물관

의 총독부 건물을 1926년 완공하였다. 또한 1937년에는 총독 관저를 짓기 위해 경복궁과 후원을 분리시키고, 중건 당시 후원에 건축한 4개의 건물을 헐어 경복궁의 가장 안쪽인 후원마저도 훼손되었다.

해방 이후에 조선총독부 건물은 미 군정청 건물로 사용되다가 정부 수립 후에는 중앙청이라 하여 정부 행정 부처가 사용하다가 국립박물관으로 용도가 바뀌기도 하였다. 그러다 김영삼 정부에서 광복 50주년을 맞아 민족정기를 회복하기 위해 필요한 조치라 하여 1995년 8월 15일부터 철거를 시작하여 1996년 11월에 완전히 철거를 마무리하였다.

경복궁의 후원에 있던 총독 관저 건물은 해방 후 미군정 장관의 관사로 잠시 사용되다가 이승만 정부가 들어서면서 '경무대'라고 이름을 정하고 대통령 집무실 겸 관저로 사용하기 시작하였다. 그 후 4·19혁명으로 정권이 바뀌자 윤보선 대통령이 '청와대'라 명칭을 바꾸어 전두환 정부 시대까지 사용했는데, 노태우 정부에서 노후화되고 공간이 좁다는 이유로 지금의 자리에 새로 터를 잡고 관저는 1990년 10월 25일에 먼저 완공하였고, 대통령 집무실인 본관은 1991년 9월 4일에 각각 신축하여 현재 30여간 년 계속 사용하고 있다. [92]

현재 경복궁은 계속해서 복원 작업이 진행 중이다. 새 왕조가 세워지고 한양으로 천도를 하면서 건축된 경복궁은 우리에게 역사적인 가치뿐만 아니라 정서적으로도 중요한 상징성을 가지고 있다.

따라서 경복궁의 복원은 단순히 조선 시대 왕궁 하나를 원상 복구한다는 사실로써가 아니라 국가와 민족의 정체성을 회복하고 자존심을 바로 세운다는 의미를 갖고 있다고 보아야 한다.

이 의미를 제대로 세우기 위해서는 궁성 안에 있는 옛 선원전 구역(현재 국립민속박물관 주변)과 옛 내사복시 구역(현재 국립고궁박물관 주변), 그리고 후원을 훼손하고 만든 총독 관저가 있던 구역(현재 청와대 터) 등도 고종 대에 중건한 상태로 온전히 복원해야 한다.

---

92) 구 청와대 건물은 철거되었고 현재는 '수궁터'라고 명명하여 공터로 있다.

제2장

◈

경복궁의 풍수

1. 궁성 안쪽 구역의 풍수

조선 초기 천도 후보지를 정하는 요소에는 조운이나 국토의 중심성 등을 따지기도 하였으나 [Ⅱ 표 1]의『태조실록』한양 천도 과정을 요약한 내용을 보면 한양→계룡→무악→한양으로 바뀌는 과정에 풍수가 가장 최종적 결정 요소였던 것을 알 수 있다.

1392년 7월 17일 왕위에 오른 태조 이성계는 8월 13일에 천도지를 '한양'으로 특정하여 천도를 명한다. 이는 즉위 이전부터 이미 한양이라는 곳에 대한 풍수 등 많은 정보를 확실하게 가지고 있었다는 방증이 되는 것이다.

이후 신하들이 한양으로 천도를 반대하자 계룡으로의 천도 계획으로 신하들을 압박하였는데, 계룡의 터가 '물이 장생을 파하여 쇠패가 곧 닥치는 땅(水破長生衰敗立至之地)'이므로, 도읍을 건설하는 데는 적당하지 못하다는 하륜의 상소를 받아들이고 무학대사나 그 밖의 많은 신하와 풍수 전문가들의 의견을 듣고 도읍지를 한양으로 결정하게 된다.

따라서 본 연구는 천도지를 선택하는 과정에서 가장 중요한 판단 요소였던 '한양' 안 경복궁 터에 대해서 풍수적으로 분석을 하였다. 연구 방법은 경복궁과 주변 지형 분석을 기본으로 하고, 문헌과 지형도 등 여러 자료를 참고로 하였으며, 정밀함이 요구되는 곳에서는 수맥의 분포 조사를 통한 능선과 물길 등 자연 지형을 최대한 유추하였고, 궁성 안쪽 구역과 경복궁 후원 구역(청와대 구역)을 구분하여 설명하였다.

일 자	내 용
1392년 7월 17일(병신)	태조가 수창궁에서 왕위에 오르다.
8월 13일(임술)	도당에 한양으로 천도를 명하다.
1393년 1월 2일(무신)	권중화가 계룡산의 도읍 지도를 바치다.
1월 21일(정묘)	회암사에 지나다가 왕사 자초를 데리고 가다.
2월 8일(계미)	계룡산 밑에 이르다.
2월 9일(갑신)	신도 후보지의 산수와 형세를 돌아보고 조사케 하다.
2월 11일(병술)	신도의 높은 곳에 올라 지세를 살펴보고 왕사 자초에게 신도의 터에 대해 묻다.
2월 13일(무자)	계룡산을 떠나면서 김주 등에게 신도의 건설을 감독케 하다.
12월 11일(임오)	하륜의 상언대로 계룡산의 신도 건설을 중지하고 천도할 곳을 다시 물색케 하다.
1394년 2월 18일(무자)	조준, 권중화에게 무악의 천도지를 살펴보게 하다.
2월 23일(계사)	권중화와 조준이 무악 천도를 반대하고 하륜만이 찬성하다.
6월 27일(을미)	서운관 관원이 무악이 수도로 좋지 않다고 하니 다른 곳을 물색하게 하다.
7월 12일(기유)	음양산성도감을 설치하다.
8월 8일(을해)	임금이 직접 천도할 무악 땅을 돌아보다.
8월 12일(기묘)	왕이 도읍터를 잡기 위해 왕사 자초를 부르다. 재상들의 천도 반대에도 불구하고 한양으로 행차하다.
8월 13일(경진)	왕사 자초와 여러 신하들의 의견을 들어 한양을 도읍으로 정하다.
8월 24일(신묘)	도평의사사에서 한양으로 도읍을 정할 것을 아뢰니 가납하다.
10월 25일(신묘)	한양으로 서울을 옮기다.
1395년 9월 29일(경신)	대묘와 새 궁궐이 준공되다.

[Ⅱ 표 1] 『태조실록』에 나타난 한양 천도 관련 주요 기록

1) 경복궁의 용세(산줄기의 흐름)

[II 그림 1] 북한산에서 북악산을 거쳐 경복궁으로 이어지는 산줄기

경복궁이 위치한 자리는 큰 틀에서 보면 한북정맥[1]의 도봉산과 북한산을 거쳐 북악산(조선 시대에는 백악이라 부름)으로 이어지는 산줄기 끝자락에 해당한다.

북한산 보현봉에서 동쪽으로 약 400m를 뻗어 나간 산줄기가 방향을 남

---

1) 조선 후기 실학자인 신경준은 『산경표』에서 한반도의 산줄기를 1대간 1정간 13개 정맥으로 분류하였다. 한북정맥은 백두대간에서 임진강 남쪽과 한강 북쪽으로 뻗어 내린 산줄기를 말한다.

북악산 정상

[Ⅱ 그림 1-1] 북촌 마을에서 본 경복궁의 산줄기

쪽으로 바꿔 형제봉을 만들고, 여기서 1km 정도를 내려가다가 방향을 남서쪽으로 바꾼 다음 구진봉을 거쳐 북악산을 만든다.

북악산에서 동남쪽으로 몸을 돌려 두세 개의 작은 봉우리를 만들면서 내려가는데, 이 과정에서 특히 남서쪽 방향으로 길고 크게 가지나눔(分枝)을 몇 차례 하면서 행도한다. [Ⅱ 그림 1] / [Ⅱ 그림 1-1]

여기서 생긴 몇 개 능선은 후원(현재 청와대) 영역의 일부가 되었고, 그 아래로 내려가던 산줄기가 다시 신무문 능선, 건청궁 옆 녹산, 경복궁 주요 전각 능선, 국립민속박물관 아래로 가는 능선 등 네 갈래로 나뉘어 경복궁에서 각각의 역할을 하기 위해 궁성 안쪽으로 들어간다. [Ⅱ 그림 1-2]

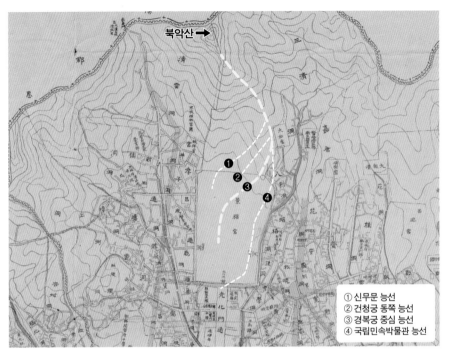

[Ⅱ 그림 1-2] 지형도에 나타난 경복궁 주변의 산줄기
(출처 : 「경성부명세신지도」, 한국학중앙연구원 장서각(http://jsg.aks.ac.kr))

① 신무문 능선
② 건청궁 동쪽 능선
③ 경복궁 중심 능선
④ 국립민속박물관 능선

   경복궁 궁성 안 녹산은 두 줄기인데, 서쪽의 녹산은 건청궁의 동쪽 산으로 향원정지 부근에서 끝나는 능선이다. 동쪽의 녹산은 현재 국립민속박물관 지점에서 갈라져 한 줄기는 남서쪽의 아미산 쪽으로 방향을 틀고 내려가 교태전 북쪽에서 방향을 남쪽으로 돌려 경복궁의 중심 구역(교태전-강녕전-사정전-근정전)이 되는 산줄기가 되었고, 다른 한 줄기는 궁성 동쪽 담장을 따라 내려가서 광화문까지 이어진 능선이다.[2] [Ⅱ 그림 1-2]

<hr />

2) 『국역 경복궁영건일기(1)』, 서울역사편찬원 著, 2019, p.92. (1865. 5. 2 기록) '상원 담장 밖의 세 기

등성이

산줄기를 잘라낸 흔적

[Ⅱ 그림 1-3] 경복궁 궁성 동북쪽 모퉁이의 녹산 산줄기 흔적

: 이 산줄기는 경복궁 궁성 담장 동쪽 모퉁이를 통해 아미산 뒤를 거쳐 중심 구역으로 내려가는 동쪽 녹산 흔적이고, 궁성 모퉁이에서 서쪽으로 100m 정도 거리에는 건청궁 동쪽의 서쪽 녹산이 되는 산줄기 흔적이 남아 있다.

참고로 한양 천도 과정에서 태조가 정한 경복궁 터에 대하여 가끔 풍수 논란이 있었으나,[3] 태조는 자연 지형이 크게 훼손되지 않은 상태에서 까다

늙은 하나는 신무문의 후록이고, 하나는 교태전의 후록이며, 하나는 문소전의 후록으로'라고 기록되어 있는데, 현재 신무문 후록의 산줄기는 흔적이 뚜렷하지 않으나 다른 두 산줄기는 흔적이 선명하다.

3) 『세종실록』(세종 15년 1433년 7월 3일 갑인) 풍수가 최양선이 경복궁은 명당이 아니고 승문원 터가 명당이라고 주장을 하여 조정에 논란이 생기자 대신들과 세종대왕이 직접 목멱산과 백악산을 올라서 확인하는 소동이 생겼다. 또 선조가 임진왜란으로 소실된 경복궁을 복원하려 하였으나 이국필의 상소로 창덕궁을 복원하게 되었는데, 오히려 후손이 귀해져 왕위를 잇지 못하는 등 문제가 발생하였다.

롭게 풍수적 검토를 한 후에 결정한 것이고, 반론을 제기한 사람들은 상당 부분 지형이 훼손되고 변형된 상태에서 판단한 것이므로 태조의 판단이 정확하였고 옳았다고 본다.

2) 경복궁의 사격(둘러싸 주는 주변의 산이나 능선)

경복궁이 위치한 한양의 지형은 내사산(內四山)이라고 부르는 동쪽의 낙산(120m), 서쪽의 인왕산(338m), 남쪽의 목멱산(265m), 북쪽의 북악산(342m)에 둘러싸인 분지 형태로 되어 있다.[4]

경복궁의 풍수에 대해서는 많은 이야기들이 있다. 그중 대표적인 설이 인왕산을 등지고 동향으로 자리를 잡았어야 하는데 북악산을 등지고 남향으로 지어져 임진왜란을 겪게 되었다는 것과[5] 백호인 서쪽의 인왕산에 비해 청룡인 동쪽의 낙산과 그 끝자락에 있는 한양의 수구처(水口處)의 지세가 상대적으로 낮아 왕위가 장자로 이어지지 못하는 원인이 되었다는 또 하나의 주장도 있다.[6]

---

4) 『청계천 지천 연구』, 서울역사박물관 著, 2020, p.36.

5) 『연려실기술 I』, 이긍익 著, 민족문화문고간행회 譯, 1966, p.112. 임진왜란의 원인이 경복궁의 방향 때문이라는 차천로의 『오산설림』이 출처라고 밝히면서 소개한 기록. (중략) 무학이 한양에 이르러 말하기를 "인왕산으로 진산을 삼고 백악·남산이 좌우로 용호가 되어야 합니다." 하였다. 정도전이 반대하기를 "예로부터 제왕은 모두 다 남면으로 앉아 통치해 온 것이며, 동향을 하였다는 말은 아직 들어보지 못했다."고 하였다. 무학이 말하기를 "내 말에 따르지 아니하면 2백년에 걸쳐 내 말을 생각하게 될 것이다."

6) 『연려실기술 I』, 이긍익 著, 민족문화문고간행회 譯, 1966, p.113. 조선 시대 왕위의 장자 계승 원칙이 지켜지지 못한 사실을 성현의 『용재총화』를 출처로 밝히면서 소개한 기록. 한양은 서북쪽이 높고 동남쪽이 낮기 때문에 장자(長子)가 경(輕)하고 지자(支子)가 중(重)하게 된다고 하더니, 과연 왕통의 계승과 명공거경의 계승이 지자가 많았다.

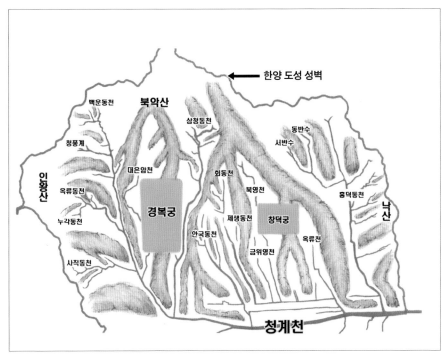

한양 도성 성벽

백운동천　북악산　삼청동천　동반수　서반수

청풍계　대은암천　회동천　북영천　홍덕동천

인왕산　옥류동천　경복궁　제생동천　창덕궁　낙산

누각동천　안국동천　금위영천　옥류천

사직동천

청계천

[Ⅱ 그림 2] 한양 청계천 북쪽의 물길과 능선들

　　그러나 이런 주장들은 일부 정치인들이 자신의 책임을 회피할 의도로 지어낸 이야기에 불과한 것이다. 풍수에서 가장 중요한 것은 터의 좋고 나쁨이지 방향은 크게 중요하지 않고, 청룡, 백호 등 사격도 바람을 막아 주는 것이 주된 역할이므로 그 이상을 논하는 것은 견강부회하는 것이다.

　　[Ⅱ 그림 2]에는 청계천 북쪽의 한양 도성 성벽과 인왕산에서 낙산까지의 여러 개 물길과 능선을 표현하였는데, 성벽이 있는 바깥에서 일차적으로 큰 산이 둘러싸고 있으며, 다시 안쪽에서 청룡, 백호 능선들이 경복궁으로 불어오는 바람을 막아 주어 풍수적으로 문제가 없는 지형인 것이다.

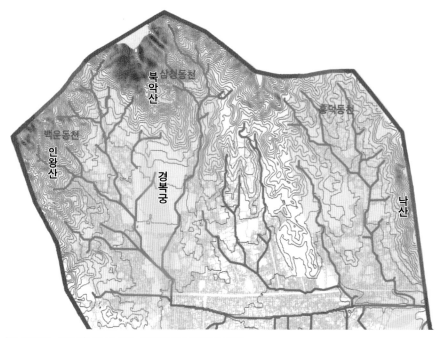

[Ⅱ 그림 2-1] 지형도로 보는 경복궁의 청룡과 백호

다시 경복궁의 동쪽에 있는 청룡과 백호 능선을 지형도와 현장 사진으로 분석해 본다. [Ⅱ 그림 2-1]에 나타난 경복궁 주변의 지형도상 등고선을 보거나 [Ⅱ 그림 2-2]의 목멱산(남산)에서 촬영한 사진을 보면 경복궁은 청룡, 백호 능선들이 겹겹이 잘 둘러싸고 있음을 알 수 있다.

특히 [Ⅱ 그림 2-3]에서 보는 바와 같이 경복궁의 청룡 능선은 여러 개가 있는데, 현장에서 보면 경복궁 궁장을 기준으로 첫 번째 청룡(현재 북촌마을)부터 높이가 상당해 그 바깥의 능선들은 전혀 보이지 않으므로 낙산의 높이로 경복궁의 길흉을 논하는 것은 풍수 논리와 맞지 않는 것이다.

[Ⅱ 그림 2-2] 목멱산(남산)에서 본 경복궁의 대표적인 청룡과 백호

[Ⅱ 그림 2-3] 인왕산에서 본 경복궁의 청룡 능선들
: 사진에는 대표적인 능선들만 표시했고 실제 현장에는 헌법재판소 능선, 재동초등학교 능선, 현대 사옥으로 이어지는 능선, 서울대학교 병원이 있는 능선 등 더 많은 능선들이 있다.

[Ⅱ 그림 2-4] 북촌에서 본 경복궁 내룡인 녹산과 백호인 인왕산

　다음으로 궁궐 서쪽에 있는 능선들인 경복궁의 백호를 살펴본다. [Ⅱ 그림 2-4]를 통해 볼 수 있듯이 녹산에서 내려간 경복궁 중심 구역(교태전-강녕전-사정전-근정전)이 자리 잡은 능선과 일반적으로 경복궁의 백호라 인식되는 인왕산과의 사이에는 폭넓은 공간이 존재하고 있다.

　이것은 [Ⅱ 그림 2-1]에 나타나 있는 경복궁 궁장 서쪽에는 본래 높이가 낮고 평퍼짐한 능선이 있었는데, 이 능선들이 택지 조성 공사 등으로 평탄해지니까 백호 능선으로는 인식하지 못하는 것이다. 현재 효자로와 자하문로 사이의 효자동, 창성동, 통의동 지역이 경복궁 궁성을 기준으로 하면 첫 번째 백호가 되는 것이다.

[Ⅱ 그림 2-5] 인왕산에서 본 경복궁의 백호와 조산(朝山)

　[Ⅱ 그림 2-5]의 지역은 경복궁 궁성 서쪽 담장 밖의 효자로와 자하문로 사이의 경복궁 첫 번째 백호와 자하문로와 인왕산 사이의 지역인 옥인동, 누상동, 누하동, 체부동, 필운동 등 지역에 있는 능선들로 경복궁의 외백호가 되는 것이다. 현장에서 보면 경복궁의 첫 번째 백호는 평지처럼 변했으나 외백호들은 아직도 그 형체를 판단할 수 있을 정도로 흔적들이 뚜렷하게 남아 있다. 인왕산의 봉우리만이 백호가 되는 것이 아니라 거기서 뻗어 내린 능선들도 백호가 되는 것이다.

　또한 경복궁에서 멀리 보이는 조산인 목멱산(남산)은 단아한 모습으로 앞쪽에서 불어오는 바람을 막아 주는 역할을 충실히 해 주고 있다.

이러한 지형이었기 때문에 청룡과 백호의 높이에 대한 문제는 태조 때 한양을 도읍으로 정할 때나 세종 때 최양선이 제기한 경복궁 터에 대한 논란이 불거졌을 때 많은 토론과 의견 수렴 과정 중에도 전혀 제기되지 않았던 사항으로, 결과론적으로 후대에서 풍수를 이용해 자신들의 허물을 덮기 위해 만든 낭설로 보아야 한다. [7]

3) 경복궁의 수세(주변의 물 흐름)

경복궁의 풍수를 논함에 있어 청룡과 백호의 차이로 인한 길흉과 더불어 물이 부족하다는 점은 처음 도읍지로 정해질 때나, 재천도하면서 창덕궁 터를 정하는 과정에서도 많은 논란이 있었다. [8] 그런데 물이 부족하다고 하면 단순히 식수나 생활용수의 부족함만을 생각할 수 있으나, 풍수적으로 터의 길흉을 판단할 때 물이 산줄기와 함께 음양 교합을 해서 혈을 맺는 중요한 하나의 요소로 보기 때문에 물이 부족한 것은 도읍지를 정하

---

7) 『세종실록』(세종 15년 1433년 7월 21일 임신) "경복궁의 오른팔(우백호)은 대체로 모두 산세가 낮고 미약하여 널리 헤벌어지게 트이어 품에 안는 판국이 없으므로, 남대문 밖에다 못을 파고 문안에다가 지천사(支天寺)를 둔 것은 그 때문이었다."는 기록을 보면 우리 역사상 가장 성군으로 칭송받는 세종대왕은 오히려 경복궁의 오른팔(백호)에 해당하는 궁성 서쪽이 낮다고 판단했음을 알 수 있다.

8) 『태조실록』(태조 3년 1394년 8월 13일 경진) 임금이 남경의 옛 궁궐터에 집터를 살피었는데, 산세를 관망하다가 윤신달 등에게 물었다. "여기가 어떠냐?" 그가 대답하였다. "우리나라 경내에서는 송경이 제일 좋고 여기가 다음가나, 한 되는 바는 건방(乾方)이 낮아서 물과 샘물이 마른 것뿐입니다." 임금이 기뻐하면서 말하였다. "송경인들 어찌 부족한 점이 없겠는가? 이제 이곳의 형세를 보니, 왕도가 될 만한 곳이다." 『태종실록』(태종 4년 1404년 10월 4일 임신) (중략) 윤신달이 대답하기를, "지리로 논한다면, 한양의 전후에 석산(石山)이 험한데도 명당에 물이 끊어지니, 도읍할 수 없습니다." (중략) 이양달이 말하기를, "한양이 비록 명당에 물이 없다고 말하나, 광통교 이상에서는 물이 흐르는 곳이 있습니다. 전면에는 물이 사방으로 빙 둘러싸고 있으므로, 웬만큼 도읍할 만합니다."

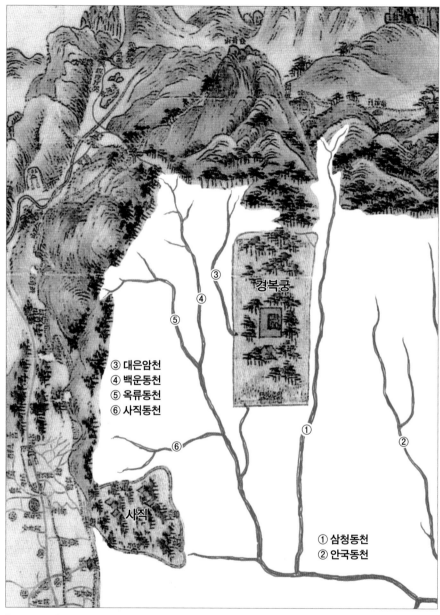

[Ⅱ 그림 3] 경복궁 주변의 수계(출처 : 국립중앙박물관(https://www.museum.go.kr))

: 「도성도」에 물길이 쉽게 눈에 띄도록 표시한 것이다.

고 궁궐을 건축하는데 있어서는 큰 흠으로 생각하였다. [9]

[Ⅱ 그림 3]에 표시된 것처럼 경복궁 주변 직선거리 1km 이내에는 북악산과 인왕산에서 내려오는 물길들이 여러 개 있다. 이곳에서 발원한 물들이 청계천으로 모여 동쪽으로 흐른 다음, 성북천, 정릉천, 중랑천과 차례로 합수되면서 한강으로 흘러가는 지형이 한양 주변의 수체계이다.

이처럼 한양 외곽까지 포함하면 물이 충분하지만, 경복궁은 산으로 둘러싸인 한양 도성의 중앙쯤에 위치하지 않고 서쪽에 치우쳐 있어 산에서 내려오는 물의 양이 충분하지 않은 것이 풍수적 흠결로 지목되었다.

그러나 풍수적으로 터에 영향을 미치는 물길을 따질 때는 큰 틀에서 보는 것이 아니고 가까이에 흐르는 물길의 영향이 가장 중요하다고 보기 때문에 [Ⅱ 그림 3]에 표기된 다른 물길들은 단지 참고 자료로 보면 될 것이며, 서쪽 담장으로 흘러 들어왔다가 남쪽으로 빠져나가는 대은암천만이 경복궁에 영향을 주는 궁성 밖의 물길이라고 보면 될 것이다.

그런데 이 대은암천조차도 실제로는 경복궁 내전과 정전 등 주요 건물의 축선과는 거리가 떨어져 있는 물길이며, 표면적으로는 [Ⅱ 그림 3-1]에 표시한 물길이 가장 중요한 역할을 하는 물길이라고 보아야 한다.

이 물길은 궁성 북서쪽에 위치한 신무문으로 내려오는 산줄기와 북동쪽을 통해서 궁성 안으로 내려오는 산줄기 사이에 있는 물길로 향원정지와 경회루지의 물과도 직접적인 연관이 있는 물이다.

---

9) 한양 중심부에는 청계천이 흐르고 있는데, 청계천의 북쪽과 남쪽에 있는 여러 골짜기에서 적지 않은 양의 물이 내려왔기 때문에 조선 시대에 식수나 생활용수가 부족해 문제가 된 경우는 거의 없었다.

[Ⅱ 그림 3-1] 경복궁 궁성 안의 수세(출처 : 문화재청(http://www.cha.go.kr))

: 「북궐도형」에 물길이 쉽게 눈에 띄도록 표시한 것으로 광화문 서쪽에 지금은 없는 연지가 있었음을 알 수 있다. (『조선고적도보』에는 광화문 동쪽에도 연지가 있다.)

[Ⅱ 그림 3-2] 경복궁 궁성 안 ①지점의 물길

북악산에서 동남쪽으로 뻗어 내려가던 큰 산줄기가 경복궁 궁성 북쪽 약 500m 지점에서 경복궁 궁장 북서쪽 모퉁이 부근에 있는 신무문과 태원전 등이 있는 곳으로 뻗어 나가는 능선을 분지하면서 계속 경복궁으로 내려가는 주 능선과 나뉘게 된다.

이렇게 갈라진 곳에서 시작된 물길이 현재의 청와대 상춘재와 녹지원을 지나 신무문과 계무문 사이로 내려온 모습이 [Ⅱ 그림 3-2]이다. 이곳을 지난 물길은 남쪽으로 더 내려가서는 서쪽 녹산에서 시작되어 건청궁 터를 지나 향원정지를 거쳐 나오는 물과 합쳐져 흘러내려 간다.

이 물길은 경복궁 궁성 안의 대부분 물이 흘러들어 경복궁 물줄기 가운데 가장 큰 중심 물길이 된다.

[Ⅱ 그림 3-3] 경복궁 궁성 안 ②지점의 물길

　[Ⅱ 그림 3-2]의 물길이 남쪽으로 내려오다가 함화당에서 흘러나오는 물과 합쳐져 규모가 조금 더 커진 상태가 되었는데, 동쪽 녹산에서 뻗어 온 아미산 자락에 막히게 된다. 물길은 어쩔 수 없이 방향을 서쪽으로 틀어서 흘러가는데 얼마 가지 않아 신무문에서 내려온 또 다른 능선을 만나게 되어 다시 방향을 남쪽으로 돌리게 된다.[10] [Ⅱ 그림 3-3] 물길은 경복궁 중심 물길이 신무문에서 내려온 능선을 만나 방향을 돌리는 지점에서 문경전에서 내려온 물길과 만나는 모습이다.[11]

---

10) 이 구간에서 경회루 북쪽 필관문 부근에 경회루지로 물이 들어가는 유입로가 만들어져 있다.

11) 문경전은 고종 때 태원전 남쪽에 회안전과 함께 중건된 건물로 왕실의 장례 행사용 건물이었으나 현재는 복원되지 않은 상태이다.

[Ⅱ 그림 3-4] 경복궁 궁성 안 ③지점의 물길

[Ⅱ 그림 3-4] 물길은 경복궁 중심 물길인 [Ⅱ 그림 3-3]의 물길이 내려와 서 먼저 궁성 서쪽 담장을 통해 유입된 대은암천과 합쳐지고, 곧바로 경회 루지의 서쪽 출수구에서 나오는 물을 만나 남쪽의 암거수로로 들어가는 물길이다. [12] 현재 암거수로 물길의 지표면에는 관람로와 화장실 등이 있 어 보이지 않지만 광화문 서쪽에 있었던 연지(蓮池)로 흘러갔었다.

---

12) 『국역 경복궁영건일기(2)』, 서울역사편찬원 著, 2019, p.43. (1866. 7. 1 기록) (중략) '남쪽 제방을 쌓을 때 제방의 두둑을 다지면서 옛 수구를 발견하였는데 남변에 조금 가까웠다. 옛사람들이 관악 산의 화성의 성질을 제어하려고 그렇게 만든 것으로 생각된다. 그래서 옛 방식대로 수구를 냈다.'는 기록과 대조해 보면 현재의 경회루지 출수구는 경복궁 중건 당시의 기록과는 일치하지 않는다.

금천 서쪽 부분

영제교

[Ⅱ 그림 3-5] 경복궁 궁성 안 ④지점의 물길

[Ⅱ 그림 3-5] 물길은 경복궁 홍례문과 근정문 사이에 있는 금천과 영제교인데, 이 금천은 자연 상태의 물길이 아니라 인위적으로 만들어진 물길로 성스러운 영역이라는 상징적인 의미는 있지만 풍수적 해석으로는 물길에 해당하지 않는다. [13]

앞에서 설명한 물길들은 모두 궁성의 서쪽에 치우쳐 있는 물길인데, 그렇다면 경복궁 중심 물결의 동쪽 부분에는 작은 물길조차도 없었던 것인

---

13) 『태종실록』(태종 11년 1411년 9월 5일 계해) '경복궁 성 서쪽 모퉁이를 파고 명당 물을 금천으로 끌어들이고라 명하였다.'는 기록으로 보아 금천에는 물이 흐르지 않았음을 알 수 있다.

함원전 마당의 배수구

[II 그림 3-6] 경복궁 궁성 안의 암거 배수 시설 가운데 한 곳

: 『경복궁 변천사(하)』, 문화재청 著, 2007, pp.117~122. 경복궁의 궁성 안에는 노출된 물길도 있지만 노출되지 않은 배수로가 많다.

가? 사실은 그렇지 않다. 자연 상태의 모든 땅은 능선과 물길로 되어 있어서 중심 물결의 동쪽 구역에도 작은 물길들은 있었지만 터를 닦는 과정에서 [II 그림 3-6]에서 보는 것처럼 대부분 암거 형태로 만들었기 때문에 눈에 잘 띄지 않을 뿐이다.

4) 경복궁의 혈(좋은 자리, 명당이라고 알려짐)

경복궁 궁성 안의 지형은 처음 터를 닦을 때와 고종 대에 중건할 때, 일제 강점기 훼손 시, 그리고 최근의 복원 과정 등을 거치면서 많이 훼손되고 변형되어 자연 상태의 모습은 대부분 사라진 상태이다.

다만 자초(무학대사)의 '사면이 높고 중앙이 평평하다.'는 기록과 1394년 12월 4일 궁궐 공사를 시작하였는데 불과 10개월만인 1395년 9월 29일에 궁궐과 종묘의 공사가 끝났다는 기록으로 미루어 보아 토목 공사에 그리 많은 기간이 소요되지 않았음을 감안해 보았을 때 경복궁 터는 나지막한 구릉 형태의 능선들이 있는 지형이었음을 유추할 수 있다.[14]

　　현재 경복궁 궁성 안의 북쪽 영역에서는 터의 높낮이를 통해 자연 상태의 지형을 육안으로 추정해 볼 수 있다. 먼저 신무문 남쪽의 능선을 경계로 동쪽에는 집옥재 권역, 서쪽에는 태원전 권역이 각각 자리 잡고 있는데, 이것을 통해 북악산에서 남쪽으로 뻗어 내린 한 줄기의 능선이 있었음을 확인할 수 있다. 또 건청궁의 동쪽이면서 현재 국립민속박물관 북쪽의 산은 크게 훼손되지 않아서 자연 상태의 능선과 물길을 판단해 볼 수 있다.[15]

　　또 국립민속박물관에서 자경전 뒤를 거쳐 아미산으로 이어지는 능선의 흔적은 희미하게나마 남아 있으나, 반면에 그 남쪽 구역은 대부분 지형이 바뀌어 높낮이 구분이 쉽지 않다.

　　이렇게 자연 상태의 지형과 지세가 대부분 사라지고 변형되어 육안으로는 판단이 되지 않기 때문에 얼핏 경복궁이 전체적으로 평탄한 것처럼 생각될 수 있으나 남쪽에서 북쪽으로 점차 올라가는 경사가 있는 지형이다.

---

14) 『태조실록』(태조 3년 1394년 8월 13일 경진) (중략) 자초가 대답하였다. "여기는 사면이 높고 수려하며 중앙이 평평하니, 성을 쌓아 도읍을 정할 만합니다. 그러나 여러 사람의 의견을 따라서 결정하소서."

15) 이곳의 지형은 궁성 담장 밖에서는 더욱 확실하게 판단할 수 있다.

현재는 광화문 문지(門址)가 남쪽의 광장이나 도로와 비슷한 평지이나 실제는 훨씬 낮았던 것을 높여 지금의 높이가 된 것이다.[16]

또 좀 더 쉽게 인식하기 위해 현장을 설명하면 홍례문을 들어갈 때 5개의 계단을 올라가면 평지에 있는 영제교를 만나게 되고, 다시 근정문 앞에서 5개의 계단을 올라가고 나면 평탄한 근정전 마당을 볼 수 있다는 것이다. 이런 식으로 조금씩 올라가다가 다시 교태전 뒤에서 건순문 밖으로 나가는 지점에서는 또 몇 개의 계단을 올라가게 된다.

그리고 동서간에도 높낮이 차이가 나는데, 동쪽 건춘문이 있는 지점은 서쪽의 주 전각들이 있는 지점보다 약간 높다는 것을 알 수 있다.

이렇게 높낮이를 따져 보더라도 육안으로 정확한 지형을 유추하는 것은 불가능하기 때문에 연구자들은 여러 차례 경복궁의 땅속 수맥의 분포를 조사하는 방식으로 훼손되고 변형된 지형을 유추하였다.[17]

[Ⅱ 그림 4]를 보면 경복궁 주요 전각인 교태전·강녕전·사정전·근정전의 건물들이 자리 잡은 능선을 중심으로 청룡(동쪽의 능선)들이 앞을 가로막으며 감싸 주는 형상이고, 백호(서쪽의 능선)들은 가지런히 앞으로 뻗어 내리다가 마지막에만 살짝 동쪽으로 굽어지는 모양이다.

이처럼 주변 능선들에 둘러싸인 안쪽 능선에 혈이 결지된 것이고, 그 혈처를 찾아서 주요 전각 건물들을 앉힌 것이다.

---

16) 『국역 경복궁영건일기(1)』 서울역사편찬원 著, 2019, p.160. (1865. 6. 15 기록) 광화문의 문지가 낮아 전각의 터를 개척할 때 모아 둔 흙으로 보토하여 터를 닦았더니 본래의 터보다 4자 7치쯤 더 높아졌다.

17) 『풍수의 정석』, 조남선 著, 2017, pp.202~209. 참조

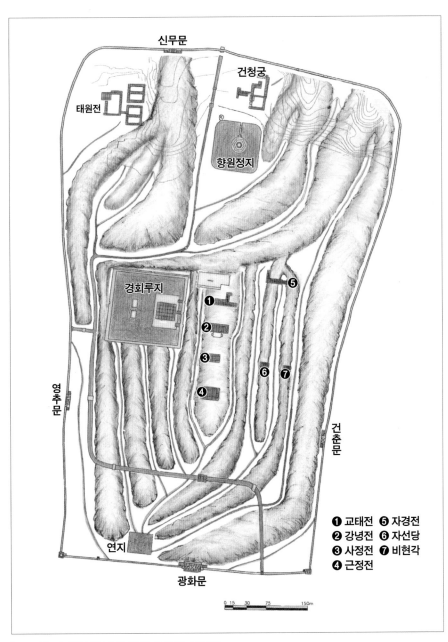

신무문

건청궁

태원전

향원정지

경회루지

❶
❷
❸
❹

❺

❻ ❼

영추문

건춘문

연지

광화문

❶ 교태전 ❺ 자경전
❷ 강녕전 ❻ 자선당
❸ 사정전 ❼ 비현각
❹ 근정전

0 15 30   75   150m

[Ⅱ 그림 4] 경복궁 궁성 안의 산줄기 추정도

[Ⅱ 그림 4-1] 경복궁 교태전

경복궁 중심 능선의 첫 번째 혈처에 위치해 있는 교태전의 명칭은 하늘과 땅의 기운이 크게 융합하여 만물을 탄생시킨다는 주역의 의미를 담고 있다. 왕비의 침소여서 지붕에는 용마루가 없다.

1440년(세종)에 신축되었는데, 1553년(명종) 소실 후 중건되었고, 1592년(선조) 임진왜란으로 다시 불탔다. 1865년(고종)에 중건되었으나 1876년에 또 불탄 것을 1888년에 재건하였다.

1917년의 창덕궁 화재로 불탄 대조전 전각을 복구한다는 명분으로 해체되었는데, 현재 건물은 1990년에 다시 중건한 것이다.

[Ⅱ 그림 4-2] 경복궁 강녕전

경복궁 중심 능선의 두 번째 혈처에 위치해 있는 강녕전은 왕이 일상생
활을 하는 왕의 정침 공간이다. 홍범구주의 오복 중 세 번째 복인 강녕을
누리라는 의미를 담고 있으며, 교태전처럼 지붕에는 용마루가 없다.

처음 경복궁 창건 당시인 1395년(태조)에 지어져, 1553년(명종)과 1592년
(선조) 임진왜란 때 각각 소실되었고, 1865년(고종) 경복궁 중건 때 다시 영
건되었다.

1917년 창덕궁에서 화재가 발생하여 내전이 소실되자 이를 복원한다는
구실로 1920년 해체되었다가 1995년 다시 지었다.

[Ⅱ 그림 4-3] 경복궁 사정전

경복궁 중심 능선의 세 번째 혈처에 위치해 있는 사정전은 임금이 평상시에 머물면서 정사를 보던 건물이다. 전각의 이름에는 왕이 생각하며 슬기롭게 나라를 다스리라는 의미를 담고 있다.

1395년(태조)에 경복궁 창건 당시 지어졌으나 1553년(명종)에 불탄 뒤 재건되었다. 이후 1592년 임진왜란 때 다시 소실되었다가 1867년(고종)에 중건되었다.

1867년 2월 9일 상량을 하였는데 이후 훼철되지 않고 그 당시의 외형을 유지하고 있어 2012년 보물 제1759호로 지정되었다.

[Ⅱ 그림 4-4] 경복궁 근정전

경복궁 중심 능선의 네 번째 혈처에 위치해 있는 근정전은 신하들의 조하를 받거나 임금의 즉위식을 하거나 격이 높은 사신을 맞아들이기도 하고 정령(政令)을 반포하는 등 나라의 중대한 의식을 거행하던 건물이다. 경복궁의 상징이며 가장 규모가 크다.

정도전은 '어진 이를 구하고 쓰는 것을 부지런히 해야 한다.'는 의미를 담아 근정전이라 하였다.

1867년 2월 9일 상량을 하였는데 이후 훼철되지 않고 그 당시의 외형을 유지하고 있어 1985년 국보 제223호로 지정되었다.

2. 경복궁 후원 구역(현 청와대)의 풍수

현재 대통령의 집무 공간이자 숙소인 청와대가 위치한 곳은 [Ⅱ 그림 5]에서처럼 본래 경복궁의 후원이었다.

일제는 1911년 경복궁의 토지 소유권을 이전 받은 후, 1915년 조선 물산 공진회를 시작으로 1923년과 1925년에도 경복궁에서 박람회를 개최하였고, 1926년 경복궁 근정전 앞 홍례문 구역을 철거한 터에 총독부 건물을 세웠고, 1939년에는 경복궁의 후원에 총독 관저를 건립하여 면면히 계승된 우리의 민족정기를 훼손하였다.

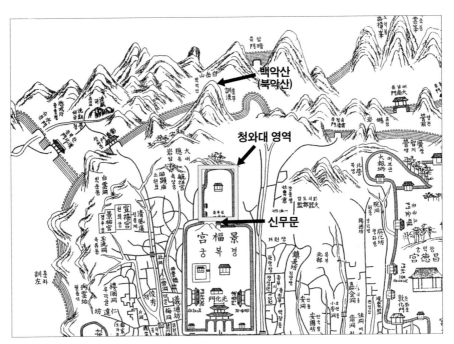

[Ⅱ 그림 5] 청와대 영역(출처 : 영국왕립아세아협회)

그런데 이렇게 시작된 총독 관저 터가 해방 80여 년이 다 되어 가는 시점에도 대한민국 대통령의 집무실 및 관저로 이용되고 있는 것이다. 게다가 풍수 이론에 올바로 부합하는지 검증도 하지 않고 새로 터를 잡고 건물을 1991년에 신축한 것이다.

『태조실록』의 '고려 왕조가 건축한 남경의 옛 궁궐터가 너무 좁다 하여 그 남쪽의 지세 좋고 평탄하고 넓은 곳을 궁궐터로 잡았다.'는 기록으로 미루어 보아 현재 건청궁이 있는 근처나 청와대 녹지원 부근에 고려 남경의 궁궐이 있었을 것으로 추정된다.[18]

청와대가 위치한 구역은 조선 시대에는 경복궁의 후원으로 왕궁을 지키는 수궁(守宮), 경무대, 융문당, 융무당, 경농재, 오운각, 벽화실 등의 건물이 있던 곳이다. 이런 용도로 사용된 터는 임금이 계속 머무는 곳이 아니고 잠시 행사나 유희를 즐기는 곳이었기 때문에 굳이 풍수적으로 좋은 터를 선택할 필요가 없었고 풍광이 좋은 것이 우선적으로 고려되었을 가능성이 높다.

만약 이 구역이 풍수적으로 좋았다면 제사 지내는 문소전이나 어진 등을 보관하는 선원전 같은 건물을 지었을 것으로 생각된다.

---

18) 『태조실록』(태조 3년 1394년 9월 9일 병오) (중략) '권중화 등은 전조 숙왕 시대에 경영했던 궁궐 옛터가 너무 좁다 하고, 다시 그 남쪽에 해방의 산을 주맥으로 하고 임좌 병향의 평탄하고 넓으며 여러 산맥이 굽어 들어와서 지세가 좋으므로 여기를 궁궐터로 정하고(중략)'의 기록을 보면 경복궁 북쪽에 고려 숙종 대에 만든 이궁이 있었던 것은 사실이나, 『국역 경복궁영건일기 (1)』, 서울역사편찬원 著, 2019, pp.92~96.(1865. 5. 2~5. 5 기록)의 경회루지에 쌓여 있던 방기풀과 진흙으로 신무문 교태전 문소전 후록을 보토하였다는 기록을 보면 궁성 밖 후원 지역이 골짜기 형태였음을 추정할 수 있어 청와대 영역 안에 고려 궁궐터가 있었는지는 의문의 여지가 있다.

범례 : ⌇→은 능선

[Ⅱ 그림 5-1] 남산타워에서 본 청와대 주변의 산줄기 모습

청와대의 풍수를 판단하기 위한 용세(산줄기의 흐름)를 살펴보면 [Ⅱ 그림 5-1]에 보이는 것처럼 북악산에서 동남쪽으로 뻗어 내려가는 경복궁 주된 산줄기에서 남서쪽 방면으로 여러 개의 지각들이 생겼음을 볼 수 있다.[19]

주목할 점은 모든 지각들이 기복이나 굴곡 등 생룡의 모습은 보이지 않는다는 것이다.

그 지각들 가운데 가장 덩치가 큰 능선의 끝자락이나 두세 개의 지각을 합쳐 공간을 확보하고 청와대 본관의 터를 만든 것으로 보인다.

---

19) 지각(地脚)이란 '땅의 다리'라는 뜻으로 산줄기가 행도하는 과정에서 균형을 잡아 주기 위해 양옆으로 뻗은 능선들을 부르는 말이다.

[Ⅱ 그림 5-2] 신무문에서 본 청와대 본관 뒤 산줄기와 물길

[Ⅱ 그림 5-2]는 신무문에서 보이는 청와대 본관의 전면 모습이다. 사진 속 본관 건물 지붕 위로 북악산에서 녹산으로 내려가던 주 능선에서 대각선으로 뻗은 세 개의 지각과 두 개의 물길이 있음을 확인할 수 있다.

본관 건물 뒤쪽에서 내려오는 물길들이 건물 뒤에서 남서쪽 방향으로 비켜 내려갔을 가능성과 물길이 방향을 돌려 신무문 방향으로 굽어 있었을 가능성이 있는데, 본관 앞 잔디 마당과 진입로 등을 고려하여 따져 보면 후자일 가능성이 높은데, 그렇다면 청와대 본관 건물이 북악산 비탈면에 있는 물길에 자리 잡은 것이 된다.

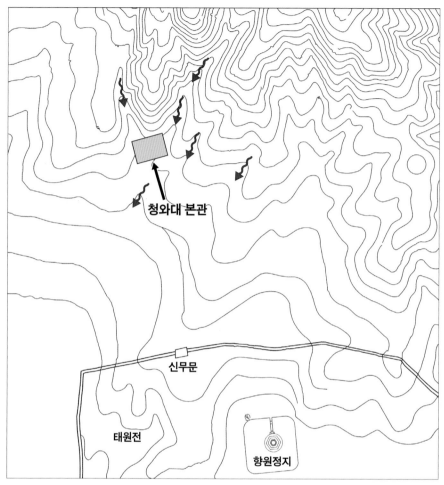

[Ⅱ 그림 5-3] 지형도를 이용한 청와대 본관의 지형 분석

    청와대가 국가 최상급 보안 구역이라 경내에서 현장을 확인할 수 없으므로 일제 강점기에 그려진 축척 1 : 10,000 지형도를 활용하여 지형 분석을 해 보면 [Ⅱ 그림 5-3]에 나타난 것처럼 북악산에서 내려오는 물길이 청와대 본관 근처에서 모인 후 내려가는 것을 확인할 수 있다.

[Ⅱ 그림 5-4] 인왕산 전망대에서 본 청와대 본관 주변의 지형

　[Ⅱ 그림 5-4]는 인왕산 전망대에서 청와대를 바라본 모습으로 청와대 본관의 지붕만이 살짝 보이고 있다. 반면에 백호 능선이라 할 수 있는 서쪽에 있는 건물 주변의 땅바닥을 보면 청와대 본관 건물의 바닥보다는 확연히 높음을 알 수 있다. 이것은 청와대 본관의 터가 서쪽의 능선보다 현저히 낮다는 것을 의미한다.

　풍수에서는 '한 마디가 높으면 산이 되고 한 마디가 낮으면 물길이 된다.'는 격언이 있는데, 토목 공사 과정에서 청와대 본관이 앉을 곳을 얼만큼 깎거나 메워서 터를 만들었는지가 중요한 것이다.

[Ⅱ 그림 5-5] 청와대 뒷산 바위에 새겨진 글자(출처 : 경향신문사(http://www.khan.co.kr))

이런 지형도와 현장의 자료들을 종합해 볼 때 연구자들은 청와대 터가 자연 상태의 물길이 지나는 터에 있는 것이 아닌가 하는 의구심을 떨쳐 버릴 수 없다.

그런데 청와대 관저를 신축하는 과정에서 '천하제일복지(天下第一福地)'라는 글자를 새긴 바위가 발견되었다고 한다.[20] 이를 근거로 청와대 자리를 아주 길한 터로 생각하는 사람들이 있다.

청와대 터가 처음부터 독립되어 조성된 공간이라면 '길한 터'라고 말할 수 있을 것이다. 그러나 조금 생각을 가다듬어 보면 이미 알려진 것처럼

---

20) 이 글자가 있는 곳은 청와대 본관에서 북동쪽으로 약 150m 정도 떨어진 가파른 암벽이며, 처음 발견 당시에는 풀과 나무로 가려져 있어 사람들 눈에 잘 띄지 않았다고 한다.

청와대 영역은 경복궁의 후원이었다가 일제 강점기에 총독 관저를 만들기 위해 억지로 분리시킨 터이다.

그러므로 바위에 새겨진 이 글자가 지칭하는 터는 지금 분리된 청와대 영역을 말하는 것이 아니고, 경복궁 주 전각들이 있는 구역을 염두에 둔 것이므로 경복궁이 '세상에서 가장 좋은 터'라는 뜻인 것이다.

한편 북악산에서 녹산으로 내려가던 산줄기가 옛 청와대 본관 터(수강궁 터)와 신무문이 위치한 방향으로 능선 하나를 나누었는데, 두 능선이 나뉘는 곳에 대통령 관저가 자리 잡고 있다. 구글 어스 위성 사진을 활용하여 분석해 보면 대통령 관저 건물은 서너 개의 물길에 걸친 것으로 판단된다.[21]

---

21) 자연 상태의 물길은 비가 오면 빗물이 내려가도록 생긴 땅의 모양인데, 물이 모이기 때문에 습기가 많게 되고 결과적으로 땅의 성질(기운)은 차갑게 된다. 이런 터는 음습하다는 표현을 많이 사용하는데, 잠자리가 불편하게 되고 온갖 질병이 생길 수도 있으며 우환이 끊이지 않게 된다.

3. 경복궁과 관련한 풍수 이야기

[Ⅱ 그림 6] 산봉우리가 불꽃같이 생겼다는 관악산

경복궁의 풍수와 관련해서는 유독 불(火)에 대한 이야기가 많다. 이것은 한양을 도읍으로 정하고 경복궁 자리를 법궁 터로 하여 천도를 하면서 물이 부족해서 도읍으로 적합하지 않다는 이야기가 나오자 물과 상극의 성질을 가진 불에 대하여 생각하면서 시작된 것으로 보인다.

그중에서 한양에 화기를 공급하는 근원을 관악산이라 생각하고 거기에 초점을 맞춘 여러 가지 대책들이 등장하였다. [22]

---

22) 산이 바위로 되어 있고 봉우리 모양이 불꽃처럼 생긴 산을 풍수에서는 화성체 또는 염정성이라고 부르는데 화기(火氣)를 발산한다고 생각한다.

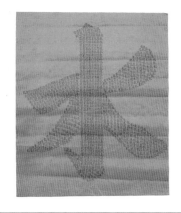

[Ⅱ 그림 6-1] 경복궁 건물 내에 비치한 화재 방책
(출처 : 국립고궁박물관(https://www.gogung.go.kr))

임진왜란으로 소실되었다가 270여 년 만에 중건을 하게 된 경복궁은 관악산의 화기에 대한 경계심과 두려움을 늦출 수 없어서 가능한 모든 방법이 동원되었다고 볼 수 있다.

강녕전을 상량할 때는 순은으로 여섯 귀퉁이 안팎에 모두 '수(水)' 글자가 새겨진 육각형 돈을 만들어 대청 안 들보 안에 넣었고,[23] 근정전을 상량할 때는 진홍색 종이에 '용(龍)' 글자 1천 개로 '수(水)' 자 형상 2본을 만들어 상량문 위아래에 두었는데,[24] 이 모두가 관악산의 화기를 누르기 위한 것이었다.

---

23) 『국역 경복궁영건일기(1)』, 서울역사편찬원 著, 2019, p.255. (1865. 10. 11 기록)
24) 『국역 경복궁영건일기(2)』, 서울역사편찬원 著, 2019, p.162. (1867. 2. 9 기록)

[Ⅱ 그림 6-2] 경복궁 근정전에 설치된 드므

　풍수와 직접적인 관련은 없지만 불에 대한 경각심으로 '드므'를 궁궐 주요 건물 주변에 배치하였다. '드므'는 넓고 평평한 그릇을 부르는 고유 명사로 평소에 화재 시 사용할 방화수를 담아 두었다가 물을 쉽게 퍼내 사용하기 위해 배치한 것이다.

　이처럼 어찌 보면 방화수 보관 목적의 단순한 그릇인데도 '불귀신이 와서 호기심으로 '드므' 안을 들여다보고 자신의 험상궂은 모습을 보면 화들짝 놀라서 도망을 간다.'는 의미를 부여하여 화재에 대한 경각심을 높인 것이라 할 수 있다.

[Ⅱ 그림 6-3] 광화문 밖의 해태상

그다음으로 광화문 앞 좌우 측에 해태상을 세웠다. 해태는 해치, 해타 또는 신양(神羊)이라고도 부른다. 실제로 존재하지 않는 상상의 동물로 양을 닮았으며 하나의 뿔을 가졌는데, 불을 먹는다고 생각해서 관악산의 화기를 막아 주길 바라는 마음에서 고종 때 경복궁 중건 과정에 세워졌다.

참고로 여의도 국회의사당 앞에도 한 쌍의 해태상이 세워져 있는데, 이역시 관악산의 화기를 막기 위해 세운 것이라고 하며,[25] 해태는 현재 서울시의 상징 동물이기도 하다.

---

25) 국회의사당은 1969년 제헌절인 7월 17일 공사를 시작하여 1975년 9월 1일 준공식을 가졌다.

[Ⅱ 그림 6-4] 숭례문과 남지

: 남지(南池)는 임진왜란 이전의 『조선왕조실록』에도 등장하는 오래된 연못이며, 고지도를 보면 현재의 표지석
이 설치된 지점보다 30m 정도 더 아래로 내려간 곳에 있었다.

다음으로는 남대문으로 불리기도 하는 숭례문의 편액과 숭례문 밖의 남
지(南池)에 관한 것이다. 경복궁과 관악산의 일직선 축에 위치한 숭례문이
화(火)의 기운을 갖게 해 관악산 화기와 맞서게 한다는 의미로 글자의 뾰족
한 모양이 불꽃 형상이 된다고 생각하여 '숭(崇)' 자(字)를 사용하였고, 다른
궁성문과 달리 편액의 글자를 세로로 하였다는 설이 있다.

그와 반대로 숭례문 밖 남지는 연못의 물을 이용하여 수(水)의 기운으로
관악산의 화기를 막는다는 의미로 해석하고 있다.

[Ⅱ 그림 6-5] 경회루지에서 발견된 청동룡
(출처 : 국립고궁박물관(https://www.gogung.go.kr))

　'경복궁의 수세'에서 언급한 [Ⅱ 그림 3-4]에 나타난 경회루지의 물이 흘러 나가는 출수구를 처음 만들 때부터 관악산의 화기를 누르기 위해 남쪽으로 만들었던 것이었다. [26]

　더하여 중건 과정에서는 한 쌍의 청동룡을 만들어서 머리는 남쪽, 꼬리는 북쪽으로 향하게 하여 경회루지 북쪽 석축 아래에 잠기도록 하였다. [27]

---

[26] 현재의 드러난 경회루지 출수구 방위는 서쪽으로 되어 있다. [Ⅱ 그림 3-4]

[27] 『국역 경복궁영건일기(1)』, 서울역사편찬원 著, 2019, p.225. (1865. 9. 10 기록) '물을 쓰니 불이 줄어들고 감(坎) 기를 받아 이(離)가 소멸하게 하소서.'라는 고사문이 있는데, 역학의 후천구궁에서 감(坎)은 물(水)을, 이(離)는 불(火)을 의미하는 것으로 물로 불을 제압하게 해 달라는 의미이다.

[II 그림 6-6] 관악산에서 구운 숯을 묻었다는 근정전 북서쪽 지점
(출처 : 국립중앙박물관(https://www.museum.go.kr))

[II 그림 6-7] 관악산에서 구운 숯을 묻었다는 경회루 북쪽 지점

[Ⅱ 그림 6-8] 관악산 바위에 뚫은 우물

이런 여러 가지 조치를 취하고도 두려움이 가시지 않아 관악산 정상에서 6섬의 숯을 구워 와서 근정전 북서쪽과 경회루지의 북쪽에 감괘(坎卦) 모양으로 땅을 파고 묻는 조치도 하였고, 관악산 바위에 육각형의 웅덩이를 파서 불이 살아나지 못하도록 하였다.[28]

---

28) 『국역 경복궁영건일기(1)』, 서울역사편찬원 著, 2019, pp.359~360. (1866. 1. 6 기록) 훈교 정응현을 관악산 정상에 보냈다. 산꼭대기의 자방(子方)에 솥을 두고 숯을 구워 6섬을 얻었다. 이달 26일 사시에 근정전의 술해방(戌亥方)과 경회루지 북쪽 제방 위에 감괘 모양처럼 땅을 파고 숯을 묻어 관악산의 화기를 줄이는데 사용하였다. (중략) 관악산 정상에도 우물을 팠다. 석면을 육각으로 뚫었다. / 경복궁 화재 방비책에 '6'이라는 숫자가 여러 번 등장하는데, 이것은 '1'과 '6'이 선천수(先天數) 오행으로 '수(水)'에 해당하기 때문이다.

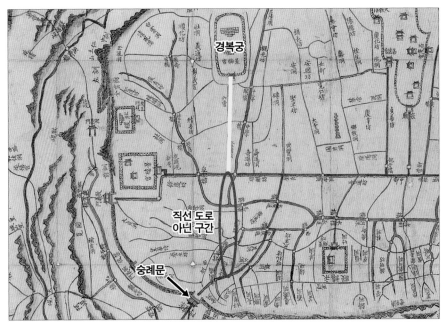

[Ⅱ 그림 6-9] 관악산 화기를 막기 위해 만들었다는 우회 도로
(출처 : 서울역사박물관(https://museum.seoul.go.kr))

그 밖에 [Ⅱ 그림 6-9]에서 보는 것처럼 광화문에서 숭례문까지의 도로를 직선으로 만들지 않은 이유가 관악산의 화기가 직접 경복궁에 들어오는 것을 차단하기 위한 것이었다는 이야기도 있다.

그러나 현재 광화문 사거리 남쪽에는 인왕산에서 이어진 황토현이라는 언덕이 있었는데, 경복궁의 백호인 이 언덕을 훼손하지 않기 위하여 동쪽으로 우회하는 도로를 낸 것이 더 타당한 근거라 생각된다.

또한 경복궁을 중건하며 모든 건물 현판을 검정색 바탕에 금색 글씨로 만들었는데, 이것 역시 검정색이 수(水)의 기운이 있다고 생각해서이다.

제3장

청와대 이전 장소에
관한 제안

1. 청와대 이전 제안의 이유

앞에서 언급했듯이 조선 시대 한양 천도부터 시작된 수도로서 한양(서울)의 역사는 온갖 시련과 우여곡절에도 불구하고 지금까지 이어져 왔다. 그러나 경복궁은 1592년 왜국의 침략으로 불에 타 270여 년간 폐허로 방치되었었고, 어렵게 중건을 하였는데 다시 일제에 의해 훼손되어 민족정기 말살의 상징이 되었다.

극일의 외침이 점차 커지고 있는 상황에서 나라와 국민의 자존감을 회복할 필요에 의해 경복궁 건물들이 순차적으로 복원되고 있어 다행으로 생각되나 총독 관저로 시작된 청와대 구역의 원상 회복은 상징적인 의미가 큰데도 아직 요원해 보인다.

수도(청와대)를 이전하는 문제는 노무현 정부 때인 2003년 12월 '신행정수도의 건설을 위한 특별조치법'이 국회를 통과하여 진행이 되는 듯하였다. 하지만 2004년 10월 헌법재판소가 관습상 수도는 서울이어야 한다는 취지로 위헌 판결을 내려 더 이상 추진을 못하게 되었다.

2017년 19대 대통령 선거 당시 문재인 후보는 당선되면 대통령 집무실을 청와대에서 광화문으로 이전하고, 청와대 본관 구역을 국민들에게 개방한다고 공약을 하였다. 그리고 당선 후 이 공약을 국정 과제로 선정하여 추진을 시도하였으나, 역사성과 보안 및 비용 등을 따져 본 후 광화문 인근에서 마땅한 대체 장소를 찾을 수 없다는 이유를 들어 문재인 정부에서

는 포기하고 장기적인 과제로 전환한다고 2019년 1월 4일 발표하였다.[1]

이렇게 문재인 정부에서 청와대 이전 중단을 결정했다고 해서 청와대를 옮기는 작업을 멈추어서는 안 된다고 생각된다. 청와대를 이전하고 경복궁을 온전히 복원하는 역사적 의미나 상징성은 단순히 궁궐을 복원한다는 것으로 끝나는 것이 아니라 민족의 자긍심을 회복하는 것과 직결되는 것이기 때문에 최대한 빨리 다시 추진되기를 바란다.

근래에 대통령들의 퇴임 후 또는 재임 중 발생하는 불행에 대해서 많은 국민들이 걱정을 하고 있는데, 청와대 집무실이나 관저 터의 풍수상 불길함이 영향을 미쳤음을 간과해서는 안 된다.

따라서 통치자인 대통령이 집무하고 머무는 공간인 청와대의 보안이나 경호 등의 문제를 최우선으로 감안해야 할 것이고, 다음으로 접근성과 국민과의 소통도 함께 고려하여야 할 것이지만, 풍수적인 요소도 반드시 반영하여야 한다.

앞에서 언급한 여러 가지 요소들을 감안하고 위헌 문제가 해결된다는 것을 전제로 청와대가 이전하기에 적합한 장소를 추천하고자 연구자들이 본 제안서를 만들게 되었다.

---

1) 이때 유홍준 위원은 '사용상의 불편한 점', '풍수상의 불길한 점'으로 관저도 이전을 하여야 한다는 발언을 했다.

2. 용산 미군 기지

현재 상태에서 헌법을 위반하지 않기 위해 서울 안에서 청와대 면적과 비슷한 약 400,000㎡(약 12만 평, 비서동 경호 면적 포함)의 대체 부지를 마련하기는 쉽지 않다. 그렇다고 도심에서 벗어난 외곽에 터를 마련하는 것도 합당하지 않다고 보기 때문에 연구자들은 용산 미군 기지를 추천한다.

용산 미군 기지는 1882년 임오군란 당시 청나라 군대가 주둔하기 시작해서 이후 청일전쟁에서 승리한 일제가 주둔하다가 해방 후부터 계속해서 주한 미군이 사용했다. 최근 한미 간에 반환 협정이 체결되어 약 140년 만에 우리의 품으로 돌아온다는 상징성도 있다.[2] 게다가 기존의 미군 시설들을 정리하고 나면 청와대를 이전할 만한 충분한 공간을 확보할 수 있어 더없이 적합한 곳이 된다.

반환될 미군 기지의 활용 방법에 대해서 다양한 의견들이 있지만 연구자들의 관점에서 볼 때 현재 국가적으로 가장 시급한 것은 청와대를 이전하는 것이므로 반환되는 부지 안에서 경호, 보안, 풍수 등 여러 요소를 감안하여 가장 좋은 위치를 골라 청와대를 옮기고 나머지 땅을 공원 조성 등 다른 용도로 사용하면 될 것이라고 본다.

---

2) 『용산의 역사를 찾아서』, 용산구청 刊, 2014, p.19. 일제가 남산과 둔지산 일대를 한반도 통치와 대륙 침략을 위한 교두보로 만들기 위해 군사 기지와 철도 기지를 개발하면서부터 오늘날의 용산 기지가 연유하게 된 것이다. / p.27. 용산에 외국 군대가 상주하는 공간으로 바뀌기 시작한 것은 1882년 임오군란이 큰 계기였다.

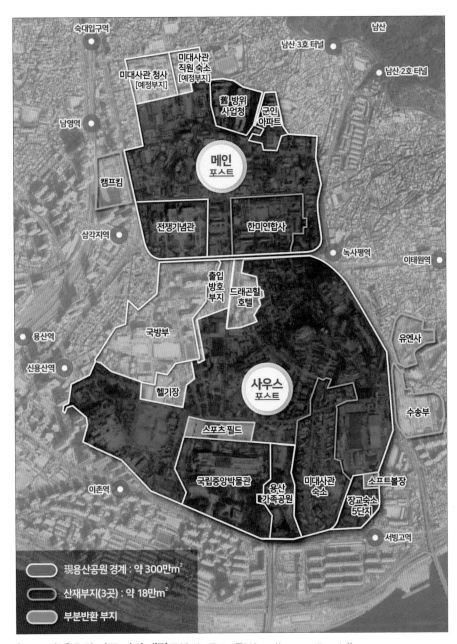

[Ⅲ 그림 1] 용산 미군 기지 개략도(출처 : 국토교통부(http://www.molit.go.kr))

[Ⅲ 그림 1-1] 남산타워에서 본 용산 미군 기지 내 두 기준 위치

그래서 [Ⅲ 그림 1]과 [Ⅲ 그림 1-1]에서 볼 수 있는 용산 미군 기지 안 메인포스트 구역과 사우스포스트 구역, 두 곳에 풍수에서 가장 좋은 터라고 생각하는 혈처 추정지를 찾아서 청와대가 이전할 지점으로 추천하려고 한다.[3]

남산타워(N서울타워)가 있는 봉우리에서 남쪽 해방촌 방향으로 산줄기가 힘차게 내려갔는데, 그 산줄기의 아래쪽에는 남산 3호 터널과 경리단

---

3) 용산 미군 기지 구역은 아직까지도 민간인의 출입이 허용되지 않기 때문에 부득이하게 먼 곳에서 관찰하거나 지도나 항공 사진 등의 자료를 가지고 판단하여서 정확한 혈의 위치를 특정하지는 못하고 대략적으로 혈이 있을 법한 곳을 지정했다.

[Ⅲ 그림 1-2] 1945년 용산 항공 사진(출처 : 미국 NARA)

[Ⅲ 그림 1-3] 이태원 부군당에서 본 혈처 예상 지점

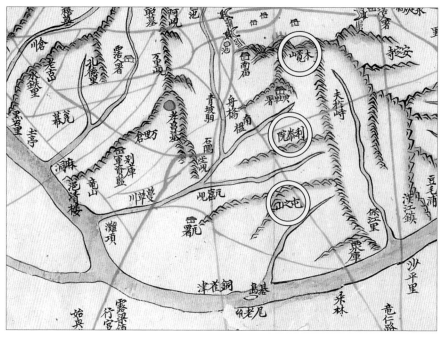

[Ⅲ 그림 1-4]「경조오부도」에 표시된 남산 이태원 둔지산
(출처 : 서울역사박물관(http://museum.seoul.go.kr))

길 쪽에서 내려오는 물길이 앞을 감싸 주며 흐르는 지형이다. 그러므로 [Ⅲ 그림 1-2]와 [Ⅲ 그림 1-3]에 표시된 부근에는 혈처가 만들어졌을 것으로 추정되어 메인포스트 구역의 보성여자중고등학교 남쪽 일대를 첫 번째 청와대 이전지로 추천한다.

용산 미군 기지 부지에서 두 번째로 추천하는 곳은 용산구청 맞은편에 있는 둔지산의 남서쪽면이다. 둔지산은 남산의 동쪽 봉우리에서 출발한 산줄기가 이태원을 거쳐 지금의 용산구청 맞은편에 만들어진 산으로 [Ⅲ 그림 1-4]의 고지도에도 산 이름이 등장하고 있을 만큼 존재감이 있는 산이었다.

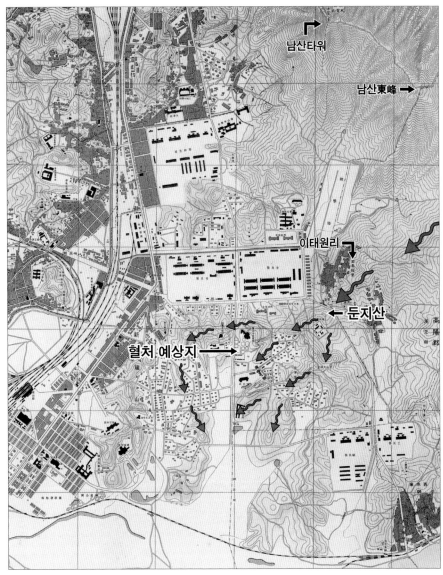

[Ⅲ 그림 1-5] 일제 강점기 지형도로 분석한 둔지산 아래 혈처 추정지
(출처 : 서울역사박물관(http://museum.seoul.go.kr))

[Ⅲ 그림 1-6] 반포대교 북단에서 본 남산과 둔지산

[Ⅲ 그림 1-5]의 지형도를 보면 둔지산에서 산줄기가 갈라져서 북쪽의 산줄기는 더 내려가고 있고 남쪽의 산줄기는 멀리 가지 않고 끝나는 모습을 볼 수 있다. 이 두 줄기의 산줄기가 감싸 주는 공간이 둔지산의 남서쪽에 있고 그곳에 풍수적으로 좋은 터가 만들어진 것으로 보여 [Ⅲ 그림 1-5]에 표시된 둔지산 아래 혈처 예상지를 추천한다. [4]

[Ⅲ 그림 1-6]은 미군 기지 안에 있는 둔지산의 남쪽 사면의 모습으로 남산에서 내려온 산줄기 하나가 끝나는 지점으로 보인다. 하지만 이곳의 지

---

4) 일제 강점기에는 이 근처에 군사령관 관저가 있었다.

형은 현재 이촌역이 있는 남쪽의 지세가 높지 않고, 또 국립박물관이 있는 남서쪽 방향이 벌어져 있어서 바람이 들이치는 곳으로 혈이 생길 자리는 아니고 [Ⅲ 그림 1-5]에 표시한 안쪽 숨겨진 곳에 혈이 있을 것이다.

그런데 위에서 제시한 용산 미군 기지 내의 두 장소는 각각의 장단점이 있어 이에 대해 언급하기로 한다.

먼저 제시한 보성여중고 아래의 터는 남산을 등지고 한강을 바라보는 터라서 전형적인 배산임수(背山臨水)의 남향 지형으로 밝고 개방감이 있는 데다가 풍수적으로는 혈처가 있을 것이므로 더할 나위 없이 좋은 터이다. 다만 주변 가까이에 빼곡하게 주택가가 형성되어 있어서 경호선을 만들기 위해서는 기존 주거지를 확보해야 하는 문제가 있다.

두 번째로 제시한 둔지산 아래의 터는 남산 동쪽 봉우리에서 시작해 길게 내려온 산줄기로 혈은 있을 것이다. 다만 자연 상태의 공간이 협소할 수 있으므로 공사를 하여 개방감이나 채광 등 문제를 해결해야 하며 남산을 직접 등지는 전형적인 배산임수의 형태는 되지 않는 단점이 있다.

정리하자면 법률적으로나 공간 확보면이나 풍수적 측면으로나 청와대를 이전하기에 가장 적합한 장소는 용산 미군 기지라고 생각한다. 쉽게 진행되지는 않겠지만 국가와 국민의 자존감을 드높이고 다 함께 편안하고 행복하게 잘 사는 세상을 위하여 풍수학인들이 큰 목소리를 내본다.

3. 세종시 예상 부지

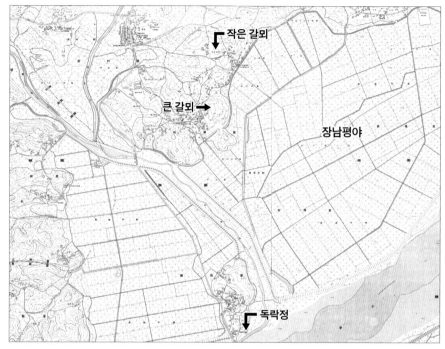

[Ⅲ 그림 2] 1984년 편집 지형도(출처 : 국토지리정보원(http://www.ngii.go.kr))

이번에는 위헌 판결을 받아 실현에 걸림돌이 많지만 정치권에서 세종시로 청와대 이전이나 국회 분원 설치를 간혹 언급하고 있으므로 그 예정 부지가 풍수적으로 적합한지 살펴보도록 한다. 세종시는 연구자들이 청와대 이전지를 선택하여 제시하는 것이 아니라 현재 조성해 놓은 전월산 아래 장남평야가 있던 구역의 부지를 대상으로 풍수적 설명을 하도록 한다. 왜냐하면 이 구역이 일정 부분 토목 공사가 진행되어 있기는 하지만 용도나 목적이 특정되어 있지 않은 미확정 상태이기 때문이다.

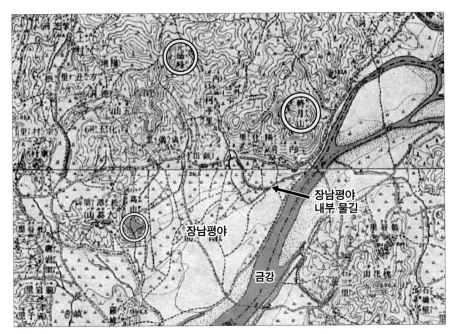

[Ⅲ 그림 2-1] 일제 강점기 지형도로 본 장남평야의 물길

(출처 : 국사편찬위원회(http://www.history.go.kr))

이 구역은 백동천을 사이에 두고 원수산에서 오산으로 내려온 산줄기와 형제봉과 전월산에서 내려온 산줄기들의 끝부분에 만들어진 들판으로 금강에 길게 맞닿아 있는 터이다.

[Ⅲ 그림 2]의 1984년 국토지리정보원 지형도와 [Ⅲ 그림 2-1]의 일제 강점기 지형도에서 볼 수 있듯이 원래 장남평야 주변에는 작은 갈뫼-큰 갈뫼-독락정으로 이어지는 한 줄기의 산 능선만 있을 뿐 강가에는 들판과 강을 경계 짓는 뚜렷한 형태의 산 능선은 없고 동쪽부터 남쪽까지 사방이 탁 트인 개활지 지형인 것이다.

[Ⅲ 그림 2-2] 세종시 행정 타운 조성 부지 현장

주지할 점은 자연 상태의 물길은 바람이 지나다니는 길인데, 물길이 작으면 바람의 양과 강도(強度)가 적지만 강(江)과 같이 큰 물길은 많은 양의 바람이 강(強)하게 지나다니게 된다.

이곳 장남평야 구역처럼 바람을 막아 줄 능선은 없는데 많은 바람이 지나다니는 강과 연접해 있으면 바람이 쉽게 들판으로 불어오게 되어 풍수적으로 보면 바람 피해를 입게 된다.

이중환은 『택리지』에서 '수구가 이지러지고 트여 있으면 좋은 밭 만(萬)이랑과 천(千) 간 넓은 집이 있어도 다음 대에 이르지 못한다.'고 하였다.

[Ⅲ 그림 2-3] 전월산 아래 조성 중인 부지

　이번에는 현재 일정 부분 토목 공사를 해 놓고 건물이 들어서지 않은 세종시 예상 부지의 물길에 대한 풍수적 분석을 해 본다.

　이 구역의 터는 대부분 전월산 아래 남서쪽에 넓게 펼쳐진 장남평야에 조성된 곳이다. 그런데 전월산 아래에서 자연 상태 땅의 모양을 보면 여러 개의 크고 작은 능선들과 물길들의 형체를 확인할 수 있다. 또 예전에 마을이 있었던 곳에서도 건물들은 철거가 되었지만 건물 터는 그대로 있어 어렴풋이나마 자연 지형을 볼 수 있어서 능선들과 물길들이 마을을 지나 장남평야 방향으로 내려가고 있었음을 유추할 수 있다.

[Ⅲ 그림 2-4] 양화리 마을 앞에 있는 인공 하천(내삼천)

　그런데 전월산에서 내려온 물들은 자연 상태에서는 장남평야 쪽으로 흘러가는 것이 원칙인데, [Ⅲ 그림 2-4]에서 보는 현재 양화리 마을 앞 하천은 서쪽에서 동쪽 방향으로 금강을 향해 흘러가도록 만들어졌다. 옛날 마을로 들어오는 양화교 다리에 새겨진 건축 시기가 1984년인 것으로 보아 이 하천은 장남평야 경지 정리 한참 후에 인공으로 만들어졌을 수 있다.

　[Ⅲ 그림 2-1] 일제 강점기의 지형도를 보면 양화리 마을 앞 자연 하천은 현재 위치에서 약 700m 앞에서 마을을 환포하면서 흘러갔던 물길이었다. 또 전월산과 원수산 사이의 물길은 송담리 갈뫼마을 동쪽의 저수지로 흘러들었으므로 다른 물길들도 들판을 관통하며 흘렀을 것으로 추정된다.

[Ⅲ 그림 2-5] 세종시 기념물 제8호 은행나무

　이렇게 전월산에서 내려오는 물길 등을 분석해 볼 때 장남평야를 매립한 부지는 습지나 다름없는 터이고 금강에서 불어오는 바람까지 고려한다면 풍수적으로 가장 좋지 않은 기운을 가진 곳이므로 청와대는 물론 국회 분원 등을 설치하기에도 적합하지 않다고 본다.

　다만 군이 그 지역에 어느 기관이든 이전을 해야 한다면 장남평야였던 곳은 비워 두고 대체로 무난한 터인 세종시 기념물 제8호인 은행나무와 부안 임씨 재실 뒤쪽 전월산과 서쪽의 형제봉 사이에 있는 비교적 평평한 지형을 활용하도록 하여야 할 것이다.

4. 과천 정부 청사 구역

[Ⅲ 그림 3] 모락산에서 본 관악산 동남쪽 면의 모습

다음으로 역시 위헌 여부를 해결한 후에 검토할 장소이지만 제2정부 청사가 있었던 관계로 청와대 이전에 대한 정책 결정을 하는 과정에서 검토 대상이 될 것으로 예상되는 과천 지역을 살펴보도록 한다.

과천은 관악산 동남쪽 산록 아래에 위치한 장소로 서울과 인접하였고 앞으로는 청계산, 뒤로는 관악산, 북동방으로는 우면산, 남서쪽으로는 청계산에서 관악산으로 이어지는 산능선인 갈현(가루개)이 둘러싼 형상이다. 또한 청계산과 관악산에서 모인 물이 만든 한계(寒溪)가 북동쪽으로 빠져

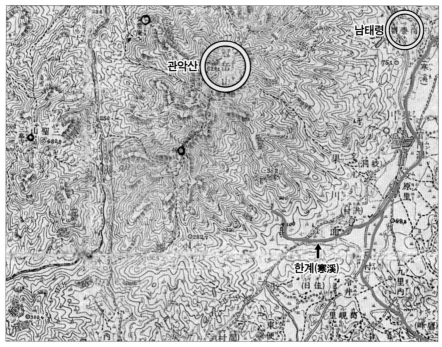

[Ⅲ 그림 3-1] 지형도로 보는 관악산 과천 방면 산줄기와 물길

(출처 : 국사편찬위원회(http://www.history.go.kr))

나가는 지형이다. [5]

　　[Ⅲ 그림 3-1] 지형도를 보면 관악산에서 내려온 산줄기가 한계(寒溪)를 만나 멈추게 되는 지형인데, 등고선이 표시된 산줄기의 경사면이 끝나고 물길을 만나는 지점까지의 거리가 그리 멀리 않아 관악산의 배(背)로 보이며 따라서 관악산 줄기의 실질적인 면적은 그리 넓지 않음을 알 수 있다.

---

5) 현재 한계(寒溪)는 과천중앙공원 분수대가 위치한 지점부터는 복개가 되지 않은 상태로 흐르고 있으며 양재천이라 부른다.

[Ⅲ 그림 3-2] 위성 사진으로 본 과천시 정부 청사 부근의 지형
(출처 : 국토교통부 제공 공간정보오픈플랫폼(http://map.vworld.kr))

현재 [Ⅲ 그림 3-2]에 표시된 정부 청사 부지만으로도 청와대 이전에 필요한 면적은 가능할 것으로 보인다. 그러나 만약 과천으로 청와대를 이전한다면 관악산에서 내려오는 여러 개의 물줄기가 한계(寒溪)로 이어진다는 사실과 과천 시가지에는 복개된 한계(寒溪)가 흐르고 있는 점을 파악하여 물길을 피할 수 있는 위치를 선정하여야 할 것이다.

또 관악산이 높고 산세가 험한 편에 속하기 때문에 풍수적으로 조선 시대부터 경외의 대상으로 삼았음을 인지하여 각별히 조심해야 한다.

부록

◈

풍수 지식 요약

◈ 알아 두면 행복해지는 풍수 지식 ◈

오늘날 가장 보편적으로 통용되는 용어인 '풍수(風水)'는 **'장풍(藏風)'**이라는 말에서 **'풍(風)'**을 따고 **'득수(得水)'**라는 말에서 **'수(水)'**를 따서 만들어진 장풍(藏風)과 득수(得水)의 준말로 **'혈(穴)'**이 있는 곳의 바람과 물의 조건을 표현한 용어이다.

수천 년의 오랜 역사를 가지고 있는 순수한 **환경선택학술**인 풍수의 이해를 위한 기본 사항을 정리해 본다.

첫째, 풍수는 입지 선택에서 땅의 위치별 성질(기운)이 다름을 인식하고 **좋은 성질(기운)의 터를 선택**하자는 것일 뿐 샤머니즘이나 토테미즘처럼 숭배하자는 것이 아니므로 종교와는 무관한 것이다.

둘째, 풍수는 누구나 원초적인 환경 요소인 **땅(터)과 바람과 물의 영향**을 받으며 살고 있으므로 본인이 원하건 원하지 않건 누구에게나 적용되는 **가장 원초적인 환경 문제**인 것이다.

셋째, 풍수에서 말하는 **땅의 근본적 성질**은 자연의 현상으로 정해진 것이기 때문에 **인간의 의지나 능력으로는 바꿀 수 없다.** 토목 공사로 땅의 겉모양이 바뀌어도 속 성질은 절대 바뀌지 않는다는 것을 알아야 한다.

풍수를 구성하는 지구 에너지의 통로인 산줄기(용 龍), 바람막이 울타리가 되는 주변 산(사 砂), 지구 에너지의 흐름을 멈추게 하는 물(수 水), 그리고 지구 에너지가 분출되는 지점(혈 穴) 등 네 가지 요소에 대해 간략하게 설명하도록 한다.

[IV 그림 1] 용세(龍勢)−관악산에서 사당동 방면으로 가는 산줄기

처음 지구가 만들어질 때 모든 땅은 능선(산줄기) 또는 물길로 구분되었는데, 그때 만들어진 능선 형태의 땅을 풍수는 '용(龍)'이라 부른다.

수많은 용(龍) 중에서 위아래로 오르내리거나 좌우로 구불거리는 등 변화하는 능선을 풍수에서는 생룡(生龍)이라 부르고, 생룡에는 지맥(地脈)이라고 부르는 지구 에너지 유동 통로가 있어서 지기(地氣)가 흘러간다고 생각한다.

그러다가 자연 상태의 물길을 만나면 용은 그 행도를 멈추게 되고 지구에너지의 흐름도 멈추게 된다고 본다.

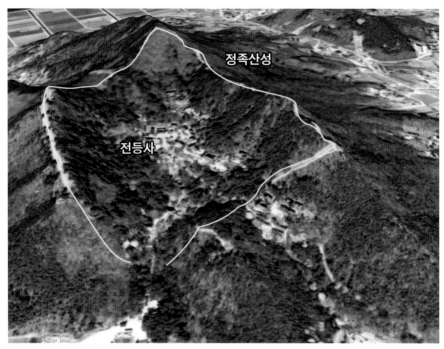

[IV 그림 2] 사격(砂格)-인천 강화도 정족산성과 전등사

　풍수의 어원이 되는 '장풍(藏風)'이라는 용어는 '혈이 만들어진 곳'의 '바람의 조건'을 표현한 말로 사신사(현무, 안산, 청룡, 백호)가 둘러싸 바람이 들어오지 못하는 울타리가 만들어지면 그 안에 용을 타고 흘러온 지기가 분출되는 혈이 만들어진다는 것이 풍수의 공식인 것이다.

　따라서 혈을 찾으려면 주변 산이 둘러싸 아늑한 느낌을 주는 곳을 찾아가야 하며, 요즘 사람들이 좋아하는 사방이 탁 트여 전망이 좋은 터는 풍수적으로 보면 장풍이 되지 않는 터라서 대부분 혈처가 아니다.

산줄기 끝

[IV 그림 3] 수세(水勢)-경북 예천군 내성천과 회룡포마을

풍수라는 용어의 또 다른 어원인 '득수(得水)'는 '혈이 만들어진 곳'의 '물의 조건'을 표현한 말로 혈이 완성되는 조건이다.

자연 상태의 지표상(地表上)에 있는 물길은 합쳐지거나 돌아나가면서 산줄기인 생룡(生龍)의 행도를 멈추게 하고, 지표하(地表下)에서는 지맥을 구성하는 한 쌍의 중심 수맥이 계란 모양의 타원형으로 벌어진 후 합쳐져 능선을 타고 흐르던 지구 에너지가 그 흐름을 멈추고 지상으로 분출되게 하여 혈이 만들어지게 한다는 의미이다.

[Ⅳ 그림 4] 혈(穴)-강원 삼척시 준경 묘

혈은 기복, 굴곡 등 수많은 변화와 가지나눔(분맥)을 하며 행도한 생룡이 물에 의해 그 흐름을 멈추고, 바람막이 울타리인 사신사가 둘러싸 주는 곳에 만들어진 지구 에너지가 분출되는 위치(지점)를 말한다.

풍수의 핵심이 되는 혈에 건물을 짓고 살거나 조상의 묘 또는 사직단 등의 제단을 만들어 땅의 좋은 기운을 받고자 하는 것이 풍수의 목표이며, 혈을 논하지 않으면 풍수가 아닌 것이다.

혈은 크기가 1평 정도로 정확한 위치를 찾아 활용하는 것이 중요하며, 건물의 경우는 반드시 건물 바닥에 두어야 한다.

[Ⅳ 그림 5] 신도시 조성 토목 공사 시작 전 모습

땅의 성질이 지점마다 다르기 때문에 이것을 이해하고 파악하여 좋은 성질의 땅을 선택해서 활용하고자 하는 것이 풍수의 핵심이다.

앞에서 언급하였듯이 풍수적 관점에서는 땅 모양을 크게 능선(용)과 물길로 구분할 수 있는데, 특히 주의해야 할 곳은 자연 상태의 물길이다.

자연 상태의 물길은 비가 오면 물이 모여 흘러가는 구조로 되어 있는데, 이 자연 상태 물길은 지표상에서도 빗물이 흐르고 지표하에서도 스며든 물이 모여 흘러가기 때문에 지표면과 지하 부분이 모두 물기(습기)가 많고 따라서 가장 나쁜 자리가 된다.

[Ⅳ 그림 6] 신도시 조성 토목 공사 현장

　능선을 깎아 물길을 메워 평탄하게 만드는 토목 공사로 자연 상태의 땅
모양이 사라지고 형태가 바뀐다고 하여도 혈 자리에서는 계속해서 지구
에너지가 분출되고 물길이었던 곳은 습기와 냉기가 끊임없이 전해지는 것
이다.

　따라서 자연 상태의 물길에 택지가 조성되거나 건물을 지으면 땅속에
서 지속적으로 습기와 냉기가 올라와 거주하는 사람에게 건강 문제, 가정
불화, 사업 실패 등 나쁜 영향을 주게 되므로 어떠한 경우에도 물길이었던
곳에는 건물을 지어서는 안 되며 건물의 일부라도 닿지 않아야 한다.

참고 문헌

〈사료〉

『조선왕조실록』

- 태조실록 / 정종실록 / 태종실록 / 세종실록 / 명종실록 / 선조실록 / 선조수정실록
- 광해군일기 / 인조실록 / 영조실록 / 현종실록 / 고종실록 / 순종실록 / 순종실록 부록

『승정원일기』

『국역 경복궁영건일기(1, 2)』, 서울역사편찬원 著

『연려실기술(Ⅰ, Ⅱ, Ⅺ)』, 이긍익 著, 민족문화문고간행회 譯

『대동야승』의『갑진만록』, 윤국형 著

〈연구 보고서〉

『경복궁 변천사(상, 하)』, 문화재청 著, 2007

『용산의 역사를 찾아서』, 용산구청 刊, 2014

『청계천 지천 연구』, 서울역사박물관 著, 2020

〈단행본〉

『정도 600년 서울 지도』, 허영환 著, 범우사, 1994

『풍수의 정석』, 조남선 著, 청어람M&B, 2017

『택리지』, 이중환 著, 이익성 譯, 을유문화사, 1993

〈웹 사이트〉

경향신문사(http://www.khan.co.kr)

구글 어스(https://www.google.com/earth)

국립고궁박물관(https://www.gogung.go.kr)

국립민속박물관(https://www.nfm.go.kr)

국립중앙박물관(https://www.museum.go.kr)

국사편찬위원회(http://www.history.go.kr)

국토교통부(http://www.molit.go.kr)

국토교통부 제공 공간정보오픈플랫폼(http://map.vworld.kr)

국토지리정보원(http://www.ngii.go.kr)

문화재청(http://www.cha.go.kr)

서울역사박물관(https://museum.seoul.go.kr)

청와대 홈페이지(https://www.president.go.kr)

한국학중앙연구원 장서각(http://jsg.aks.ac.kr)

청와대!
새집 줄게
헌집 주오

초판 1쇄 찍은날 2021년 6월 7일
초판 1쇄 펴낸날 2021년 6월 21일

글 조남선
펴낸이 서경석
편집 김진영, 박고은 | **디자인** 권서영 | **일러스트** 송은영, 이주은
마케팅 서기원 | **영업, 관리** 서지혜, 이문영

펴낸곳 청어람M&B
출판등록 2009년 4월 8일(제313-2009-68)
주소 경기도 부천시 부일로483번길 40 (14640)
전화 032)656-4452
팩스 032)656-9496

ISBN 979-11-86419-71-7